Joyce Rupp

Der Becher des Lebens

Exerzitien im Alltag

Illustrationen von Jane Pitz

Aus dem Amerikanischen übersetzt
von Bernardin Schellenberger

HERDER

FREIBURG · BASEL · WIEN

Titel der Originalausgabe:
Joyce Rupp, The Cup of Our Life –
A Guide for Spiritual Growth.
© Ave Maria Press, Notre Dame/Indiana 1997

Umschlaggestaltung: Finken & Bumiller, Stuttgart
Umschlagmotiv: © Zefa, H. Meyer zur Capellen

Alle Rechte vorbehalten – Printed in Germany
© der deutschen Ausgabe: Verlag Herder Freiburg im Breisgau 2002
www.herder.de
Satzbearbeitung: A. Scheydecker, Freiburg i. Br.
Druck und Bindung: fgb · freiburger graphische betriebe 2002
www.fgb.de
Gedruckt auf umweltfreundlichem,
chlor- und säurefrei gebleichtem Papier
ISBN 3-451-27535-X

Inhalt

Dank

Dieses Buch ist die Frucht der Begegnung mit vielen Menschen. Jedes Mal, wenn wir uns mit dem Becher – einer schlichten Tasse – als Symbol unseres spirituellen Lebens befassten, fügten die Teilnehmer bei meinen Seminaren, Einkehrzeiten und Vorträgen neue, kostbare, kreative Einsichten und Beobachtungen hinzu. Ich habe alle diese Menschen im Geist vor mir, wenn ich jetzt wieder daran zurück denke, wie bereichernd das Schreiben dieses Buches für mich war.

Besonders dankbar bin ich für den Tag, an dem NORM LITZNER anregte, RICHARD REHFELD und ich sollten in einer Gebetsrunde mit ihm eine Tasse als Symbol verwenden. Das war der zündende Moment, der schließlich zum Schreiben dieses Buches führte. Meine beiden Kollegen im Seelsorgerdienst gingen sehr aufmerksam ihren eigenen spirituellen Weg und schenkten dadurch auch mir sehr viel.

JUDY CAULEYS Spuren finden sich überall in diesem Buch. Sie sah das ganze Manuskript durch und steuerte viele wertvolle Anregungen zur Verbesserung des Textes und der Meditationen bei.

Mehrere Gruppen machten sich sechs Wochen lang mit diesem Manuskript auf einen inneren Weg. Sie meditierten nicht nur täglich mit dem Becher, sondern berichteten mir auch, was ihnen für ihre Meditation und für ihr Beten besonders hilfreich war und was weniger. Ich bedanke mich bei ihnen für ihre Vorschläge und vor allem für ihre Offenheit, mit der sie mir Einblick in ihr spirituelles Leben gaben. Sehr dankbar bin ich den folgenden Weggefährten: JANET BARNES, LISA BRANDSER, BETTY HONZ, JOYCE HUTCHINSON, MARK LINDAHL, JOAN MCLAUGHLIN, DEE MALENA-POLOSKY, MIKE POLOSKY, JEAN SMITH, CATHY TALARICO und VICKY VANDERKWAAK.

Ich bedanke mich bei Verleger FRANK CUNNINGHAM, Lektor ROBERT HAMMA und Künstlerin JANE PITZ für ihre umsichtige und gründliche Hilfe bei der Ausarbeitung und Fertigstellung des Manuskripts. Auch bin ich mir all derer bewusst, die „hinter den Kulissen" arbeiten.

Ganz herzlich möchte ich mich auch bei meiner Mutter HILDA WILBENDING RUPP bedanken. Ihre Leidenschaft für das Leben und die Art, wie sie auf jeden neuen Tag mit frischem Optimismus zugeht, waren für mich eine wunderbare Quelle der Ermutigung.

Wenn ich an alle die Menschen denke, die zum Entstehen dieses Buches beigetragen haben, erfüllt mich tiefe Dankbarkeit, dass mich so viele in enger Gemeinschaft auf meinem Lebensweg begleiten: Freunde, Familienangehörige und die Mitglieder meiner Ordensgemeinschaft, der „Dienerinnen Mariens" (Servitinnen). Dank ihrer wird mir der Becher des Segens oft bis an den Rand gefüllt.

Joyce Rupp

Einführung

Ich entsinne mich noch lebhaft des Augenblicks, an dem ich zum ersten Mal einen Becher zum Anlass nahm, über meinen inneren Weg nachzudenken. Es war an einem Mittwochmorgen, als ich mich zu unserem regelmäßigen gemeinsamen Gebet in der Wochenmitte mit den beiden Mitpastoren der „Windsor Heights Lutheran Church" zusammensetzte. Für diesen Morgen hatte NORM vorgeschlagen, DICK und ich sollten unsere leeren Kaffeetassen zum Gebet mitbringen. Nachdem wir uns niedergelassen hatten, gab uns NORM die Anregung, unsere Tassen in die Hand zu nehmen, in sie hineinzuschauen und über unser spirituelles Leben nachzudenken. In diesem Augenblick machte mich die Symbolik des Bechers für die tiefere Seite meiner selbst wach.

Was da geschah, war erstaunlich. Kaum hatte ich in den Becher geschaut, da begannen sich meine Augen mit Tränen zu füllen. Woher kam das? Woher diese plötzliche Traurigkeit? Von woher stieg diese tiefe Gefühlsregung in mir auf? Ich kämpfte mit den Tränen, blickte weiter in den leeren Becher und entdeckte, dass ich mich spirituell ausgelaugter fühlte, als ich je gedacht hätte. Wenn ich in den leeren Becher schaute, war es, als blickte ich in mein hohles Selbst.

Seit diesem Erlebnis habe ich herausgefunden, dass der Becher ein wunderbarer Lehrmeister für mein inneres Leben sein kann. Die Gewöhnlichkeit des Bechers erinnert mich daran, dass meine Umwandlung sich mitten zwischen den ganz gewöhnlichen Ereignissen meines Alltagslebens vollzieht. Der Becher ist ein recht passendes Symbol für meine inneren Wachstumsprozesse. Er hat mir immer wieder meinen spirituellen Durst vor Augen gehalten. Ihn zu halten, zu füllen, aus ihm zu trinken, ihn zu leeren und zu spülen brachte mir nah, dass mein Durst nach Gott mittels meiner ganz gewöhnlichen menschlichen Erfahrungen gestillt wird. In dem

Becher sehe ich das Leben mit seiner Leere, seiner Fülle, seiner Gebrochenheit, seinen Mängeln und seinen Segnungen. Ein Becher ist ein Gefäß, das dazu dient, etwas aufzunehmen. Was immer dieses Gefäß enthält, es muss schließlich wieder davon leer werden, damit es wieder mit etwas anderem gefüllt werden kann. Ich habe erkannt, dass ich nicht ein ständig volles Leben erwarten kann. Immer wieder ist es unbedingt nötig, dass etliches ausgeleert, ausgegossen wird, wenn in mir Platz für etwas Neues werden soll. Genau so ist der spirituelle Weg: ein ständiger Prozess des Ausgeleert- und wieder Gefülltwerdens, des Gebens und Aufnehmens, des Annehmens und Loslassens.

Der Becher hat mich viele wertvolle Wahrheiten über mein spirituelles Leben gelehrt. Mir ist aufgegangen, dass ich viel Abgestandenes mit mir herumschleppe, das ich wegleeren sollte, und auch, dass sich mein Leben zuweilen wie eine zerbrochene Tasse anfühlt. Ich habe erkannt, dass ich Mängel, Macken und Flecken habe, genau wie sie jede viel benutzte Tasse gewöhnlich hat, aber dass mich diese Spuren eines bislang einigermaßen gut bestandenen Lebens nicht daran hindern, für andere Menschen eine Bereicherung sein zu können. Ich habe auch gelernt, dass die Inhalte meines Lebens dazu gedacht sind, ständig hergegeben und großzügig und einfühlsam mit anderen geteilt zu werden, genau wie der Hauptzweck einer Tasse darin besteht, ihren Inhalt abzugeben. Und ganz besonders dankbar bin ich für alle jene Augenblicke, in denen mein Leben ganz unerwartet zu einem überfließenden Becher des Heils geworden ist.

Achten Sie auf den Rand einer Tasse. Er ist kreisrund, ohne Anfang oder Ende, ein Symbol der Ganzheit. In diesem Kreis ist alles miteinander verbunden, um darin ein Eines zu bilden. Das spirituelle Leben stellt einen Weg in Richtung Ganzwerden dar, eine Bewegung beständigen Wachsens, Tag für Tag, bis aus uns der Mensch wird, als der wir gedacht sind. Der kreisförmige Rand des Bechers erinnert mich täglich an diese Sehnsucht nach Ganzsein und Verbundensein.

Diese Sehnsucht nach stärkerem spirituellem Einssein mit Gott liegt diesem Buch *Der Becher des Lebens* zugrunde. Ich hoffe, dieser Begleiter durch sechs Wochen, der um die vielfältigen Aspekte eines Bechers kreist, möge viele Menschen dazu inspirieren, ihre Beziehung zu Gott zu vertiefen, und dazu beitragen, dass sich der Becher ihres Lebens randvoll füllt, ja dass er überfließt.

Für den Anfang dieses Weges

Beim spirituellen Leben handelt es sich um einen Weg, auf dem man sich verändert. Wenn Sie mit einem Becher beten, werden Sie zweifellos Gelegenheiten zum Weiterwachsen erfahren. Diese inneren Regungen sind vielleicht fast unmerklich, oder sie treten auch ganz deutlich auf. Wenn Sie sich in diesen Wochen dem Beten in der vorgeschlagenen Weise widmen, gibt es kein „Ziel", das Sie erreichen sollten. Seien Sie einfach offen und lassen Sie es zu, dass Gott Sie unter seine Fittiche nimmt. Lassen Sie es auch zu, dass Sie sich gelegentlich strapaziert vorkommen. Es könnte sein, dass Sie zuweilen Ihre Sicherheit etwas bedroht fühlen und dass Ihre Verwurzelung in Gott in Tiefen geführt wird, die Sie noch nie so erfahren haben, oder dass Ihre bisherigen Vorstellungen vom Leben an den Rand der Komfortzone geraten. Wenn das der Fall sein sollte, laufen Sie bitte nicht gleich vor diesem Rand davon.

In jeder der sechs Wochen konzentrieren wir uns auf einen bestimmten Aspekt des Bechers als Metapher für spirituelles und existenzielles Wachstum. Ich hoffe sehr, dieser Leitfaden kann Ihre Beziehung zum Göttlichen verlebendigen und bereichern. Nehmen Sie sich für jede der vorgeschlagenen Wochen genügend Zeit; vielleicht brauchen Sie für eine „Woche" einen ganzen Monat, und das ist dann auch gut. Worauf es bei diesem Unterwegssein mit einem Becher vor allem ankommt, ist, dass Sie allen Ernstes sich selbst und Gott näher kommen möchten.

Es gibt keine vollkommene oder bestmögliche Art und Weise, mit diesem Buch umzugehen. Viel wird von Ihren persönlichen Bedürfnissen und Ihrem ganz eigenen spirituellen Weg abhängen. Ich möchte Ihnen noch das Folgende vorschlagen, aber bitte gestalten Sie es für sich selbst so, dass es wirklich zu Ihrem eigenen, persönlichen inneren Weg passt. Ganz wesentlich ist, dass Sie zu einem Beten finden, das für Sie am besten ist. Wenn Sie zum Beispiel ein ausgesprochener „Abendmensch" sind, können Sie ruhig beschließen, die im Folgenden für den Morgen vorgeschlagene Gebetszeit lieber auf den späten Abend anzusetzen. Oder wenn Sie bislang in Ihrem spirituellen Leben noch keine Praxis darin kennen, auf den Atem zu achten, kann es sein, dass das vorgeschlagene „Atemgebet" Sie eher zerstreut, als dass es für Sie hilfreich ist. Dann lassen Sie es weg.

Achten Sie auf die Gedanken, Wünsche und Gefühle, die sich in Ihnen regen. Vertrauen Sie darauf, dass Gott bei Ihnen ist und Sie führt. Tun Sie ruhig gelegentlich mehr, als ich vorschlage, ändern Sie etwas oder lassen Sie einige der Schritte weg. Zweifeln Sie nicht an der Richtigkeit dessen, was Sie selbst spirituell empfinden. Es kann durchaus sein, dass Ihnen Einsichten und Gefühle kommen, die ganz anders sind als die, von denen ich schreibe. Setzen Sie Ihr Vertrauen ganz auf den, der „Ihnen den Becher Ihres Lebens reicht": Er wird Sie führen und begleiten.

Zeit und Ort der Meditation bestimmen

Wählen Sie sich einen Ort und eine Zeit, zu der Sie sich täglich der Meditation und dem Gebet widmen, und wenn möglich vorzugsweise am Morgen, wenn Sie noch frisch und wach sind. Einen Ort zu finden dürfte, sofern Sie allein wohnen, relativ einfach sein. Wenn Sie mit einem anderen Menschen zusammenleben, kann das vielleicht schwierig werden. Aber suchen Sie danach. Beanspruchen Sie ihn für sich. Ein Stück Alleinsein und Stille ist die wesentliche Bedingung für diesen inneren Weg.

Ihr „heiliger Ort" sollte Ihren ganz persönlichen Bedürfnissen entsprechen. Ich kenne jemanden, der sich zum Beten täglich in die Waschküche zurückzieht. Viele finden dafür eine Ecke im Schlafzimmer. Andere wählen ihr Büro oder ihre private Bude. Wo immer er liegen mag, finden Sie für sich einen solchen Ort und lassen Sie ihn für sich zum heiligen Ort werden. Wählen Sie sich einen Tisch oder auch nur eine kleine Schachtel oder einen Hocker, worauf Sie Ihren Becher, „Ihre" Kaffeetasse oder Teeschale, stellen, dazu eine Kerze oder was auch immer für Sie ein sprechendes Zeichen für Ihre spirituelle Reise ist. Stellen Sie es jeden Tag vor sich oder neben Ihrem Stuhl auf.

Ich hoffe, Sie finden dafür täglich wenigstens zwanzig Minuten Zeit. Das wird heißen müssen, dass Sie unter allem, was Sie tun, eine bestimmte Auswahl treffen und Prioritäten setzen – vielleicht weniger Telefongespräche führen oder weniger Zeitung lesen oder sogar eine Mahlzeit überspringen. Andererseits sollte Ihnen dies nicht zum Anlass für Schuldgefühle werden. An Tagen, an denen Sie einfach nicht die ganze Zeit für unsere „Exerzitien im Alltag" aufbringen oder vielleicht sogar überhaupt nicht dazu kommen, lassen Sie es schlicht so stehen und machen Sie am nächsten Tag weiter.

Achten Sie auf Ihre Gefühle und darauf, in welche Richtung Sie sich von ihnen lenken lassen. An manchen Tagen werden Sie sich geradezu darauf freuen, sich wieder auf diesen Prozess einzulassen, und an anderen werden Sie sich fragen, wozu Sie ihn überhaupt noch weiter machen sollen. Ich empfehle Ihnen, darauf bedacht zu sein, sich besonders an jenen Tagen weiter auf den Prozess einzulassen, an denen Ihnen das sinnlos vorkommt oder Sie sich ruhelos, voller Zweifel oder gestresst oder leer fühlen. Das sind oft gerade die Zeiten, in denen eine bestimmte Saat aufzukeimen beginnt.

Wenn Sie es frustrierend und schwierig finden, die Disziplin, den lebhaften Wunsch und die Zeit für die Meditation aufzubringen, sind Sie damit wirklich nicht allein. Unsere Kultur treibt zu rastloser Geschäftigkeit an und fördert keineswegs das Schweigen, sondern ist auf Aktivität aus, nicht auf Ruhe; sie drängt nach außen, nicht nach innen. Die meisten Teilnehmer am „Probelauf" mit der Wegbeschreibung dieses Buches hatten schwer damit zu kämpfen, sich treu jeden Tag eine stille Zeit zu nehmen. Am Schluss der sechs Wochen bestätigten jedoch alle, dass der Kampf die Mühe wert gewesen sei. Sie stellten eine Veränderung fest. Ihr Empfinden für sich selbst, für Gott und ihre Sehnsucht nach ihm hatten sich vertieft. Am Schluss wünschten sie sich alle dringend, auch weiterhin täglich eine Zeit für die spirituelle Praxis vorsehen zu können.

Sich mit anderen treffen

Vielleicht haben Sie den Wunsch, sich nach Abschluss jeder Woche mit einem/r Weggefährten/in oder einer Gruppe zu treffen, um noch einmal zu verarbeiten und zu feiern, was sich während der Woche getan hat. Im Anhang finden sich Hinweise, Rituale und weitere Anregungen, wie man solche Treffen fruchtbar gestalten kann.

Einige praktische Anweisungen dafür, sich jeden Tag seinen Becher des Lebens zu füllen

1 Intention

Fangen Sie immer damit an, dass Sie den Einführungstext ins Tagesthema lesen. Hierauf finden Sie Ihre „Intention". Diese Intention bestimmt Ihre innere Ausrichtung. Gewöhnlich wird sie sich aus dem Tagesthema ergeben. Man kann sie kurz mit eigenen Worten formulieren, wie etwa: „Ich hoffe, heute mehr über Gottes Liebe zu erfahren", oder: „Ich möchte heute das Wirrwarr in meinem Leben durchschauen", oder: „Hilf mir, mitfühlend zu sein". Vielleicht schreiben Sie sich diese Intention in Ihr Tagebuch. Dann gehen Sie weiter zu den „heutigen Übungen". („Üben" heißt, etwas häufig tun, um daraus eine innere Haltung oder eine Lebensart werden zu lassen.)

2 Atemgebet

Zu den „heutigen Übungen" gehört jeweils ein „Atemgebet". Für dieses Atemgebet gilt kein bestimmtes Zeitmaß. Man kann es beten, solange man will. In vielen spirituellen Traditionen hat man herausgefunden, dass das Achten auf den Atem sehr hilfreich ist, sich zu sammeln oder sich auf seine innere Welt zu konzentrieren. Wenn man achtsam, leicht und gleichmäßig atmet, hilft das, langsamer, stiller zu werden, und der ständig gehetzte Geist und der Körper kommen zur Ruhe. Im Allgemeinen wird empfohlen, sich während des Atemgebets mit ganz aufrechtem Rücken hinzusetzen.

Sie finden als Vorschlag jeweils einen zweiteiligen Spruch, den Sie im Rhythmus des Ein- und Ausatmens sprechen können. Diese Übung steht symbolisch für das Füllen und Leeren des Bechers und für das Füllen und Leeren unseres Lebens. (Sie symbolisiert auch unser Geborenwerden, bei dem wir unseren ersten Zug des Einatmens tun, und unser Sterben, das von unserem letzten Zug des Ausatmens begleitet ist.)

Es kann sein, dass dieses Atemgebet sich zunächst lästig und nutzlos anfühlt. Wenn Sie es beharrlich jeden Tag üben, kann es nach und nach zu einem hilfreichen Mittel werden, sich nach innen zu kehren und eine geheiligte Zeit mit sich selbst und mit Gott zu verbringen.

3 Zur Meditation

Für diesen Teil der täglichen Übung werden Sie immer gebeten, Ihren Becher zu verwenden. Diese Zeit dient dazu, in der Haltung der Achtsamkeit Zusammenhänge zwischen Ihrem spirituellen Weg und Ihrem Becher zu erwägen. Ich schlage vor, Ihren Becher während der ganzen sechs Wochen auf Ihrem „Altar" stehen zu lassen und ihn nur für diese Gebetszeit zu verwenden. Lassen Sie ihn zu einer Art von heiligem Gefäß für sich werden.

4 Schriftwort

Hier möchte ich Ihnen nur einen kurzen Abschnitt (ein oder zwei Verse) anbieten, dessen Sinn Sie verkosten und seine Botschaft schmecken sollten. Diese kleine Auswahl aus dem Wort Gottes ist voller spiritueller Nahrung. Es wird jeweils auch immer der ganze Abschnitt angegeben für den Fall, dass Sie den Vers gern in seinem weiteren Zusammenhang nachlesen möchten.

5 Für das Tagebuch

Auch wenn Sie sich nicht für schriftstellerisch begabt erachten, halten Sie bitte trotzdem die Frucht Ihres Nachdenkens schriftlich oder mit einer Zeichnung oder einem gemalten Bild jeden Tag in Ihrem Tagebuch fest, selbst wenn der Eintrag nur ganz kurz ausfällt. Sie finden hier jeweils einige Fragen und Anregungen dazu, die Sie auf den Weg bringen möchten, aber vielleicht brauchen Sie diese gar nicht. Sie sind der einzige Mensch, der das, was Sie aufgeschrieben haben, zu lesen bekommt.

Das Tagebuch ist ein Mittel, Ihre Erfahrung aufzuzeichnen und aufzubewahren, damit Sie später wieder darauf zurückkommen und noch einmal darüber nachdenken können. Das halte ich für besonders wichtig, falls Sie sich am Ende jeder Woche mit anderen treffen. Indem Sie Ihr Tagebuch nachlesen, können Sie die Tage noch einmal „aufsammeln". Ein weiterer Vorteil des Tagebuchs ist es, dass es unsere Einsichten und Gefühle aufzeichnet, die ansonsten verloren gehen würden. Zudem wird uns während des Schreibens oft etwas deutlicher bewusst, manches klärt sich und unsere Sehweise verschärft sich.

6 Die Verbindung zum Alltag

Im Abschnitt „Übung während des Tages" wird Ihnen jeweils ein Vorschlag gemacht, auf welche Weise Sie Ihre Meditation in Ihren Tag hinein mitnehmen könnten. Lassen Sie sich nicht entmutigen, falls Sie diesen Vorschlag oft vergessen, wenn Sie dann Ihr Tag mit sehr viel Beschäftigungen in Beschlag nimmt. Ich möchte Sie jedoch ermutigen, sich um diese Verbindung mit Ihrem Alltag nach Kräften zu bemühen; denn sie kann Ihre tagtäglichen Beziehungen zu anderen Menschen und die Aufgaben, die Sie den ganzen Tag in Beschlag nehmen, bereichern und mit einer erstaunlichen Vitalität erfüllen.

7 Rückblick und Auswertung

Sie werden feststellen, dass der 7. Tag jeder Woche als „freier Tag", als eine Art „Sabbat" vorgesehen ist. Das ist der Tag, an dem Sie noch einmal die vergangene Woche durchgehen und dabei alles, was geschehen ist, noch einmal überdenken und auswerten, um aus den Offenbarungen der letzten sechs Tage Ihre Lehren zu ziehen. Der siebte Tag ist ein Tag des reinen „Seins", der spirituellen Muße und der Feier alles dessen, was Sie während der letzten Meditationswoche erfahren haben. Genießen Sie ihn einfach!

Vier hilfreiche „Signale"

„Spirituelles Leben" ist nicht auf eine genau festgesetzte Zeit und einen bestimmten Ort des Meditierens und Betens beschränkt. In Wirklichkeit hat das gesamte Leben damit zu tun, jeder Augenblick des Daseins. Gott „ereignet" sich ständig in unserem Leben. Wir müssen diese Beziehung allerdings unablässig nähren, wieder herstellen und erneuern. Eine regelmäßig geübte Gebets- und Meditationspraxis ist eine der Möglichkeiten, das zu verwirklichen.

Mittels täglicher Übung werden die inneren Antennen schärfer darauf eingestellt, Gott den ganzen Tag über zu entdecken. Ich bin überzeugt, wenn man täglich eine bestimmte Zeit des Betens einhält, wird es dazu führen, spirituell wach zu werden und in seinen mitmenschlichen Beziehungen, bei der Arbeit und in allem, was sich im eigenen Leben ereignet, achtsamer zu sein. Wie manche Leute dank einer Tasse Kaffee wach werden, können Zeiten des Nachsinnens dafür immer wacher werden lassen, wie Gott in jedem unserer Augenblicke anwesend ist.

Ich begleitete einmal einen Priester, dem seine Begeisterung und Energie fürs Beten und Meditieren ganz abhanden gekommen waren. Während dieser schwierigen Zeit wusste er nicht, wie oder was er beten sollte, aber er glaubte daran, dass es wichtig sei, offen zu sein und zu seiner täglichen spirituellen Übung unermüdlich „anzutreten". Diese Konsequenz zum Offen- und Dasein verwandelte schließlich seinen spirituellen Weg ganz überraschend. Das Gleiche kann jede/r erfahren.

Hier noch vier kurze Merksprüche für den Weg mit diesem Buch:

Wach auf: Sei achtsam, offen, empfangsbereit.

Tritt an: Bring die Disziplin auf, da zu sein!

Denk neu: Sei bereit, deine Sichtweisen radikal zu ändern.

Geh deinen Weg: Mach dich auf. Trage deine Beziehung zu Gott in deine Welt hinein. Mache einen Unterschied, wie du lebst.

Ich wünsche Ihnen, dass Sie sich auf diesen Prozess mit der festen Zuversicht einlassen können, dass Gott gegenwärtig ist und in Ihnen wohnt. Ihr Vertrauen auf Gottes Weisheit und Führung möge sich während dieses Weges, auf den Sie sich einlassen, ständig erneuern.

Die Rückschau am Abend

Die kurze Rückschau ist dazu gedacht, dass Ihr gesamter Tag sich als ganzer rundet und sozusagen mit dem Band des Gebets verschnürt wird. Halten Sie jeden Abend, bevor Sie zu Bett gehen, kurz inne, beim Auskleiden oder wenn Sie im Bett liegen, und überdenken Sie noch einmal den durchlebten Tag:

1 Wie offen oder achtsam war ich an diesem Tag für mich selbst und für die Gegenwart Gottes?
2 Welche Art spiritueller Nahrung habe ich empfangen? Welche Art Nahrung habe ich verschenkt?
3 Muss noch etwas ausgeleert werden, damit ich heute Nacht in Frieden schlafen kann?
4 Gibt es etwas, wofür ich heute dankbar bin?

Schließen Sie mit dem folgenden Gebet oder einem entsprechenden Gebet Ihrer Wahl:

Gott, du mein Freund und Gefährte, birg mich unter den Flügeln deiner Liebe. Gewähre mir eine friedvolle Nacht und erholsamen Schlaf.

Die Wahl des Bechers

Bevor Sie mit der ersten Woche beginnen

Überlegen Sie sich, welchen Becher Sie während der ganzen sechs Wochen für Ihre tägliche spirituelle Übung verwenden wollen. Segnen Sie ihn mit dem folgenden Segensgebet:

Segnung des Bechers

Unerschöpfliche Liebe, du schenkst allem Leben.
Treue Gefährtin, ewige Weisheit,
ich bitte dich: Segne diesen Becher und mich.
Wenn ich jetzt jeden Tag mit dir meditiere und bete,
lass sie mir zum heiligen Gefäß werden.
Gib mir diesen Becher zum Lehrmeister,
der mir hilft, meinen Weg zu dir und zu mir selbst zu finden.
Er sei mir ein Schlüssel für die vielfältigen Botschaften
deiner Weisheit und deines Trostes.
Verbinde mich durch ihn mit dem Leben
und lass ihn dazu beitragen, dass mein Herz sich weitet.
Dieser Becher inspiriere mich,
immer mehr das Einswerden mit dir zu suchen.

Noch ein Wort zum Sprechen von Gott

Welchen Namen geben wir der göttlichen Gegenwart? Welche Bilder sagen uns am ehesten etwas? Ich denke, wenn man jemanden zum Gebet ermutigt, ist einer der schwierigsten Aspekte „die Rede von Gott". Die Worte, die ich persönlich verwende und als sinnvoll erachte, um damit meine Wahrnehmung und Erfahrung Gottes zu benennen, sind vielleicht völlig andere als diejenigen, die ein anderer Mensch für die Anrede Gottes verwenden möchte. Manchen liegen eher männliche Metaphern wie „Vater" oder „Herr", anderen dagegen eher weibliche wie etwa „Mutter" oder „Weisheit (Sophia)". Manche sprechen am liebsten „Jesus" an, und wieder andere fühlen sich mit allgemeineren Symbolen wie „Schöpfer der Welt" wohler.

Angesichts dieser Vielfalt der Empfindungen und persönlichen Weisen der Benennung des göttlichen Wesens verwende ich hier meist einfach das Wort „Gott", wenn ich in den Einleitungstexten zu jedem Tag von dieser Gegenwart spreche. Wenn es dann um die „heutigen Übungen" geht, habe ich versucht, eine ganze Vielzahl von Bildern für das göttliche Wesen zu wählen. Doch möchte ich Sie ausdrücklich ermutigen, Ihre eigenen Worte an all den Stellen einzusetzen, an denen Ihnen für Ihren spirituellen Weg meine Bezeichnung nicht entspricht.

ERSTE WOCHE

Der Becher des Lebens

Zum Thema der Woche

Sooft du mit großer Achtsamkeit auf die Stimme hörst, die dich als Gottes geliebten Sohn / geliebte Tochter anspricht, entdeckst du in dir selbst den Wunsch, diese Stimme länger und tiefer zu vernehmen.

HENRI J. M. NOUWEN

Als Achtjährige lebte ich auf einer wunderschönen Farm. Nach der Schule musste ich genau wie meine Geschwister eine Haushaltsarbeit übernehmen. Die meine bestand darin, die Hühner zu füttern und die Eier einzusammeln. Dazu hatte ich keine große Lust, denn ich wollte lieber draußen im Wäldchen spielen oder unten am Bach den Kaulquappen zuschauen oder Elritzen fangen.

Aber eines Tages änderte sich das für mich ganz stark. Ich entdeckte, dass ich einen geheimen Gefährten hatte, der mich überallhin begleitete, selbst wenn ich die Arbeiten auf der Farm verrichtete. Tief in meinem Herzen verborgen, so spürte ich, gab es ein liebevolles Wesen namens Gott, das mich immerdar liebte und mich nie verließ. Es war zu dieser Zeit, dass mich eine weise Lehrerin in die Freundschaft mit Gott einführte. Sie versicherte mir, ich würde nie allein sein, da ich in mir das Leben Gottes trage. Von dieser Entdeckung war ich begeistert. Ich konnte spüren, dass da „jemand" war. So begann ich endlose Zwiegespräche mit diesem Freund zu führen. Beim Heimgehen von der Schule, beim Verrichten meiner Arbeiten, beim Spielen im Wäldchen – überall bot sich mir die Gelegenheit, mit meinem besonderen „Jemand" zusammen zu sein. Das war der Beginn meiner Beziehung zu Gott.

Als ich älter wurde, erkannte ich, dass diese innere Gegenwart eine kraftvolle Quelle der Führung und des Trostes für mich war.

Mein Glaube vertiefte sich zu der Gewissheit, dass dieser in mir wohnende Gott mich grenzen- und bedingungslos liebt. Bis heute beziehe ich aus dem Glauben, dass ich ein Gefäß bin, das die Gegenwart Gottes birgt, Trost und Mut. Dieses staunenswerte und bescheiden machende Geschenk der göttlichen Einwohnung erfüllt mich auf meinem spirituellen Weg immer wieder mit neuem Leben und wirkt an meiner Umwandlung.

Je mehr ich mir der Gegenwart Gottes in meinem Leben bewusst werde, desto stärker wird mein Durst, dieses Heilige in immer tieferen Schichten kennen zu lernen. Ich habe das Gefühl, wie eine Art Becher zu sein, der anscheinend immer noch mehr aufzunehmen vermag; denn meine Fähigkeit, mit Gott eins zu werden, scheint immer größer zu werden. Je intensiver ich weiß, wie sehr Gott mich liebt (je mehr also mein Becher gefüllt wird), desto größer wird mein Durst nach noch mehr von Gott (weil ich sehe, wie leer mein Becher immer noch ist und wie viel mehr er immer noch aufnehmen kann).

Ich stelle mir das spirituelle Leben als ein unerschütterliches, von Energie sprühendes Leben mit Gott vor. Die Wurzel und Grundlage dieses Lebens ist *Beziehung*. Diese Beziehung mag viel Ringen erfordern, auf gewundene Pfade und in versteckte Winkel führen, aber in ihrem Kern besteht sie aus einem intensiven, starken Band. Diese Beziehung nährt und stärkt mein inneres Selbst und erfüllt mein gesamtes Leben mit Vitalität und Kraft.

Jeder Mensch ist ein Tempel des Heiligen. Jede/r trägt in sich eine spirituelle Kraft, die selbst die winzigsten Samenkörnchen des Glaubens zum Wachsen bringen kann. Es ist von entscheidender Bedeutung, dass ich auf diese Beziehung achte und sie nähre, damit sie sich zur vollen Blüte entfalten kann. Ich muss mich dabei um den Becher des spirituellen Lebens achtsam kümmern und ihn immer wieder neu füllen lassen, indes er seinen Inhalt gleichzeitig im Dienst der Liebe immer wieder ausgießt. Und wie der Becher einen festen Rand hat, brauche auch ich Maßstäbe, damit mein Leben nicht in endloser Geschäftigkeit und unbedachter, unkonzentrierter Aktivität zerfließt.

Ich lade Sie ein, diese Woche über Ihre Beziehung zu Gott nachzudenken, die Schönheit dieser Gegenwart in Ihnen zu feiern und dankbar für das wunderbare Leben zu sein, das durch Ihren Geist fließt. Achten Sie aufmerksam auf den Einen, der in Ihnen wohnt.

ein schlichtes Gefäß
hat zu mir
in meine Einsamkeit gesprochen
ein Lehrmeister
ein Mittler der Weisheit

es flüstert Wahrheiten
über einen in mir wohnenden Gott
im Gefäß
meiner Seele

es weckt meine
verborgene Fähigkeit
gefüllt zu werden
und überzufließen
von einem Leben
der strömenden Fülle

es erinnert mich
dass ich Grenzen brauche
um den heiligen Raum in mir
zu hüten und mir zu bewahren

es lädt mich ein
oft zu trinken
am göttlichen Quell
am Brunnen, der stillt
meinen spirituellen Durst

es beruft mich
wie ein Samenkorn
in der fruchtbaren Erde:

glaube, glaube, glaube
an die Kraft
die gegenwärtig ist
im Leben
das möglich ist
JOYCE RUPP

Erster Tag

Der Becher meines Lebens

Du bist ein Liebeslied
in Musik gesetzte Schönheit
Du bist ein Liebeslied
Dich habe ich erwählt
THERESA HUCUL

Es war ein kalter Novemberabend, als wir uns zur Trauerfeier anlässlich des Todes der wunderschönen italienischen Mutter meiner Freundin versammelten. Die vertraute Nähe derer, die ihr in Liebe verbunden gewesen waren, erleichterte ein wenig das tiefe Leid, das wir empfanden. In einem bestimmten Augenblick schlug die Trauer im Raum in ein Aufglühen der Liebe um. Das empfanden wir, als wir dem Lied „Du bist ein Liebeslied" zuhörten. Ich spürte, dass alle Anwesenden sich in der Erinnerung lebhaft dieser Frau zuwandten und ihnen noch einmal aufging, dass sie tatsächlich ein „Liebeslied" Gottes für die vielen Menschen gewesen war, mit deren Leben sie in Berührung gekommen war. Für alle, die sie gekannt hatten, war sie ein Becher des Lebens gewesen. Was sie in ihrem Leben vollbrachte, war nichts Spektakuläres, sondern recht einfache, menschliche Dinge. Aber mit ihren ganz alltäglichen Verrichtungen und Erfahrungen war sie für andere immer wieder zu einem außerordentlich schönen Liebeslied geworden.

Wie würde es sich auswirken, wenn wir glauben könnten, selber ein Liebeslied Gottes auf der Erde zu sein? Wie würde das unser Dasein für andere verändern? Eine gesunde Spiritualität wurzelt in der tiefen Überzeugung, dass wir liebenswerte Geschöpfe sind; das zu glauben, ist gar nicht so leicht. Der Becher kann uns da zum Lehrmeister werden.

Schauen Sie sich Ihren Becher als Symbol Ihres einmaligen Ichs an. Viele Kaffee- und Teetassen haben eine ganz besondere Form und Größe, verfügen sozusagen über „Persönlichkeit" – wie jeder einzelne Mensch. Jeder hat eine einmalige physische, psychische und spirituelle Gestalt. Niemand kann den Körper, die Spiritualität oder den Charakter eines anderen übernehmen, gleichsam kopieren, wie auch ein Becher seine Farbe und Form nicht ändert jeweils entsprechend der Person, die aus ihm trinkt. Der Becher ist ein brauchbares Gefäß, ganz gleich, wer ihn verwendet. Er hat seinen ureigenen Wert in sich selbst.

Allzu oft möchten Menschen lieber die Spiritualität von jemand anderem übernehmen, als ihre eigene zu finden. Ich habe für mich entdeckt, dass ich mich und die persönliche Weise, in der mein spiritueller Weg verläuft, umso besser annehmen kann, je deutlicher ich mir bewusst bin, dass Gott mich liebt und ich offen bin, diese Liebe anzunehmen. Ja, Gott hat jeden Menschen aus Liebe erschaffen. Wir sind in Musik gesetzte Schönheit. Jeder ist einmalig in seiner Art und ist als Licht der Liebe gedacht, das dazu beiträgt, unsere Welt zu verwandeln.

Selbst für den Fall, dass Sie beim Gedanken an sich selbst kein Staunen, keine Dankbarkeit oder Zuneigung empfinden, versuchen Sie, sich am heutigen Tag dafür zu öffnen, dass Sie der von Gott geliebte Mensch sind. Bitten Sie Gott um die Entdeckung, sich als Liebeslied sehen zu können, als Becher voller Güte, die anderen Leben schenkt.

Atemgebet

Einatmen: Ich bin ...
Ausatmen: ... ein Liebeslied.

Zur Meditation

Halten Sie den Becher in beiden Händen ...
Betrachten Sie genau seinen Stil, seine Form, Farbe und Größe ...
Stellen Sie sich lebhaft vor, Sie seien ein Becher, den Gottes Hände umschließen ...
Nehmen Sie Ihr Einmaligsein und Gutsein an ...
Danken Sie Gott, dass er Sie so geschaffen hat, wie Sie sind ...

Schriftwort

JESAJA 43,1–7
„Ich habe dich beim Namen gerufen,
du gehörst mir ...
Weil du in meinen Augen teuer und wertvoll bist
und weil ich dich liebe ..." (43,1.4).

Für das Tagebuch

Wählen Sie eine oder mehrere Anregungen für sich.
Wenn ich daran denke, dass Gott mich bedingungslos liebt, so wie ich bin, dann ...
Wenn ich mich jetzt betend während der kommenden sechs Wochen anhand dieses spirituellen Leitfadens auf den Weg mache, wünsche ich mir am meisten, dass ...
Gott, ... (schreiben Sie Gott einen Brief, ein Lied, einen Psalm, ein Gedicht ...)

Gebet

Ich wende mich dir zu, göttlicher Schöpfer, und danke dir dafür, wie ich bin. Ich bin ein Becher des Lebens. In mir wohnen Liebe und Gutsein. Hilf mir, heute in meiner Seele deine Musik zu vernehmen und dankbar lächeln zu können, wenn ich an meine einmalige Art denke. Hilf mir, nicht an meinem Wert zu zweifeln, mich als die/den, die/der ich bin, anzunehmen. Ich gehöre dir. Lass mich in meine Welt Leben bringen und Liebe.

Übung während des Tages

Ich will versuchen,
heute ein Liebeslied
für andere zu sein.

Zweiter Tag

Ein Gefäß der Gegenwart Gottes

Du bist eine Wohnstatt
der Quelle allen Lebens.

<small>MACRINA WIEDERKEHR</small>

Einer meiner liebsten Momente am Tag ist der, wenn ich früh morgens von meinem Spaziergang heimkomme und dann eine Tasse frisch gebrühten, dampfenden Kaffee bereitet habe. An kalten Wintertagen ist es ein besonders wohliges Gefühl, meine Lieblingstasse mit beiden Händen zu umfassen und daraus genüsslich den heißen Kaffee zu tirnken, der meinen Körper mit willkommener Wärme erfüllt.

Meine Kaffeetasse hält mir vor Augen, dass Tassen Gefäße sind, die etwas Erfrischendes, Wohltuendes bergen, so wie Menschen Gefäße der göttlichen Gegenwart sind. Gott wohnt in mir. Darum stelle ich mir gern vor, dass ich eine Art Bundeszelt im Kleinen bin. Gott geht mit mir, wohin immer ich gehe. Ich trage Gott in jede meiner Beziehungen und Erfahrungen hinein. Das ist eine überwältigende Vorstellung.

Unser Verständnis und unsere Erfahrung Gottes formen unser Gottesbild und unsere Spiritualität. Wer ist Gott? Wo finden wir diesen unseren Gott? Wenn ich in die hebräische Heilige Schrift (Altes Testament) schaue, erfahre ich, dass die göttliche Gegenwart überall ist, sich ständig regt und unablässig Menschen ruft, wo immer sie gerade sein mögen. Schaue ich dann in die christliche Heilige Schrift (Neues Testament), finde ich noch einen bezeichnenden Zusatz: Diese göttliche Gegenwart hat sich *in uns* eine Wohnung bereitet. Jesus hat gesagt: „Bleibt in mir" (Joh 15,4). Er gebrauchte das Bild vom Weinstock und seinen Zweigen, um zu veranschaulichen, dass das Leben Gottes, das unser gesamtes Wesen ausmacht, vergleichbar ist mit dem Leben, das die ganze Pflanze in allen ihren Teilen belebt. Gott ist nicht mehr nur „da draußen". Gott ist hier, in uns. Der Geist Jesu lebt in uns als seine heiligen Tempel. Wir sind zur Wohnstatt Gottes geworden.

An manchen Tagen hetze ich durch die Gegend und denke an nichts anderes, als meine gefüllte Liste dessen, was alles „zu tun" ist, abzuhaken, und darüber vergesse ich völlig, dass ich in jedem Augenblick die Wohnung Gottes bin; davon gibt es keine Ferien. Ich kann dann gedankenlos meine ganze Achtsamkeit für alles Schöne um mich herum schlichtweg übersehen. Wenn ich mir dagegen vor Augen halte, dass Gott sich in meinem Herzen und im Herzen jedes Menschen, dem ich begegne, seine Wohnung bereitet hat, dann schaue ich die Menschen und das Leben mit gänzlich anderen Augen an. Ich bin dann geduldiger und liebenswürdiger und neige weniger rasch zum negativen Urteilen.

Wenn Sie sich heute durch den Tag bewegen, fegen Sie den alten Staub und die Spinnweben beiseite, die sich infolge Ihrer Geschäftigkeit und Unachtsamkeit angesammelt haben. Machen Sie sich deutlich bewusst, dass Gott mit Ihnen auf dem Weg ist.

Die heutigen Übungen

Atemgebet

Einatmen: Gottes Liebe ...
Ausatmen: ... wohnt in mir.

Zur Meditation

Halten Sie Ihren leeren Becher in beiden Händen ...
Achten Sie auf seinen hohlen Innenraum ...
Denken Sie an den hohlen Raum in Ihnen selbst ...
Er ist mit göttlicher Gegenwart erfüllt ...

Versuchen Sie, diese Gegenwart intensiv anzunehmen ...
Spüren Sie, wie sie ihr ganzes Wesen durchwirkt ...
Verharren Sie in Schweigen und Ruhe ...
Hören Sie, wie Gott zu Ihnen sagt: „Ich bin da" ...

Schriftwort

JOHANNES 15,1–11 ODER 1 KORINTHER 3,1–17
„Bleibt in mir, dann bleibe ich in euch" (Joh 15,4).
„Wisst ihr nicht, dass ihr Gottes Tempel seid und der Geist Gottes
in euch wohnt" (1 Kor 3,16)?

Für das Tagebuch

Am meisten spüre ich, dass Gott in mir wohnt, wenn ...
Wenn ich darüber nachsinne, dass die göttliche Gegenwart in mir
und den anderen wohnt, hoffe ich, dass ...
Gott, ...

Gebet

Göttliche Gegenwart, in heiligem Tanz bist du bis in mein inners-
tes Wesen gekommen. Geheimnis des Lebens, du hast mich ver-
sorgt und genährt. Du hast meinen Geist reich beschenkt und
meine Dürre getränkt. Du hast in die Adern meiner Seele die Fülle
deiner Liebe fließen lassen. Mit deiner Liebe hast du mich auch in
den finstersten Nächten umfangen. Göttliche Gegenwart, deine
wunderbare Energie durchpulst mein ganzes Wesen. Ich neige
mich in Ehrfurcht vor dem tiefen Geheimnis deines heiligen Lebens in mir.

Übung während des Tages

Heute will ich mehrmals zwischendurch
still meine Hand auf mein Herz legen
und mich dankbar daran erinnern,
dass Gott in mir wohnt.

Dritter Tag

Das Gefäß der Liebeskraft

Derselbe Lebensstrom
der bei Nacht und Tag
meine Adern durchpulst
pulsiert auch in der Welt
und tanzt darin
in beherrschten Rhythmen
RABINDRANATH TAGORE

Ich entsinne mich noch gut an die Art, wie ich anfing, mich auf Wege für das spirituelle Weiterkommen einzulassen. Dabei konzentrierte ich mich ganz darauf, alles richtig zu machen. Ich gab mir ungeheure Mühe und empfand oft ziemliche Sorge oder Angst; denn ich wollte alles „recht" machen und rasche Fortschritte erzielen; vor allem aber hatte ich das Gefühl, alles hänge von mir ab, ob ich vorankomme oder nicht. Ich wusste noch nicht, dass ich für meine wirkliche Umwandlung auf den in mir pulsierenden Energiestrom des göttlichen Lebens angewiesen bin.

Diese einäugige Einstellung veränderte sich nach und nach infolge einer Erfahrung, die ich bei einer achttägigen Einkehrzeit machte. Während dieser Tage geriet ich in eine tiefe Krise und brachte es überhaupt nicht mehr fertig, zu beten oder in Kontakt mit Gott zu kommen. Dieser vollständige Verlust aller Kontrolle über mein spirituelles Leben führte mich zur schmerzlichen Einsicht, dass bislang mein Ego versucht hatte, meinen inneren Weg zu bestimmen. Daraus zog ich schließlich den Schluss, dass ich in Wahrheit nur ein leerer Becher sein und darauf warten kann, von der Liebeskraft Gottes gefüllt zu werden. Als ich mir dieser Wirklichkeit bewusst geworden war, empfand ich sehr viel größere Kraft und Gelassenheit für meinen spirituellen Weg.

Das persönliche Reifen bedarf durchaus einiger Anstrengung von meiner Seite aus. Ich muss mich bewusst auf diesen Prozess einlassen; aber ich kann das Weiterwachsen nicht *erzwingen*. Auf diesem Gebiet ist Gott der Aktive. Mein Anteil besteht in der Sehnsucht nach entsprechendem Anderswerden. Ich kann zum Beispiel treu meine tägliche Meditationszeit einhalten. Aber solange ich mich ganz darauf konzentriere, alles von mir aus richtig zustande zu bringen, stolpere ich dabei nur fruchtlos durch die Gegend. In Wirklichkeit muss ich nur wie jene Frau handeln, die den Saum des Gewandes Jesu berührte: Dadurch wurde sie von der Heilkraft seines Geistes erfasst (vgl. Lk 8,40–48). So gilt es, mein Leben von der Energie der göttlichen Liebe umwandeln zu lassen.

Beim Bemühen um spirituelles Vorankommen besteht eine der Gefahren darin, dass man zu großen Wert auf „Ergebnisse" legt oder sich zu sehr darum sorgt, welche Fortschritte man macht. Wenn man sich bei der Sorge um die „Ergebnisse" ertappt, wird es Zeit, sich auf Epheser 3,20 zu besinnen. Darin ist von der in uns wirkenden Kraft Gottes die Rede, „der unendlich viel mehr tun kann, als wir erbitten oder uns ausdenken können".

Heute ist der richtige Tag, sich vor Augen zu halten, dass Gott es ist, der uns die Kraft zum Handeln schenkt und unsere Veränderung bewirkt. So sollten wir also jetzt unsere Sorgen darum, ob wir gute Fortschritte machen, aufgeben.

Die heutigen Übungen

Atemgebet

Einatmen: Deine Kraft ...
Ausatmen: ... strömt durch mich.

Zur Meditation

Halten Sie den Becher in beiden Händen ...
Nehmen Sie ihn als Gefäß wahr, das einen Inhalt bergen will ...
Stellen Sie ihn vor sich ab ...
Ertasten Sie den Puls an Ihrem Handgelenk oder Ihrem Hals ...
Stellen Sie sich lebhaft vor, wie das Blut vom Herzen her durch
Ihren Körper gepumpt wird ...
Schauen Sie zu, wie es Ihr Leben erhält und Ihnen Ihre Wachs-
tumsenergie zuführt ...
Schließen Sie die Augen und versuchen Sie zu spüren, wie Gottes
Güte Ihren Geist erfüllt ...
Malen Sie sich aus, wie Gottes Leben, aus dem Sie kommen, in
Ihnen pulsiert ...
Heißen Sie Gottes Liebesenergie mit Ihrem gesamten Wesen will-
kommen ...

Schriftwort

2 KORINTHER 4,5–12
„Diesen Schatz tragen wir in zerbrechlichen Gefäßen; so wird
deutlich, dass das Übermaß der Kraft von Gott und nicht von uns
kommt" (2 Kor 4,7).

Für das Tagebuch

Wie habe ich erfahren, dass Gottes Kraft in mir und durch mich
wirkt?
Kann ich einige der Widerstände nennen, die den Fluss dieser
Lebensenergie in mir hemmen?
Welcher Teil meines Lebens bedarf am meisten der wirkmächtigen
Berührung durch Gott?

Gebet

Gott, du Energie und verwandelnde Kraft, der Pulsschlag deiner Gegenwart erfüllt mein Leben mit Liebe. Erinnere mich immer wieder daran, dass ich aus eigenem Bemühen allein nicht wachsen kann. Ich danke dir für den Trost und die Freiheit, dass ich wissen darf: Es ist deine durch mich wirkende Kraft, die mich in meinem spirituellen Leben wachsen lässt.

Übung während des Tages

Sooft ich heute ein Gefäß benutze
(eine Tasse, ein Glas, eine Getränkeflasche usw.),
versuche ich, daran zu denken,
dass ich selber ein Gefäß
für die grenzenlose Liebesenergie Gottes bin.

Vierter Tag

Die Begrenzungen des Bechers

Energie ist überall, aber für ihre Umwandlung aus „potenzieller" in „aktualisierte" Energie spielt das Stillhalten eine ganz wichtige Rolle. Ich erfuhr einmal zu meinem großen Staunen, dass die Schmetterlinge ihre Flügelflächen der Morgensonne entgegenhalten müssen, weil die Schuppen darauf eine Art Solarzellen sind. Erst wenn sie mit Energie aufgeladen sind, können sie fliegen.

LAURIE BETH JONES

„Ich fühle mich völlig zerrissen." „Ich kriege nichts mehr auf die Reihe." „Ich war völlig daneben." „Das war ein verpfuschter Tag." „Ich war völlig unkonzentriert." Wenn ich solche und ähnliche Kommentare meiner Befindlichkeit abgebe, fühle ich mich gewöhnlich gestresst, unter Druck, mit mir selbst unzufrieden und vielleicht auch mit anderen. An Tagen wie diesen „läuft alles schief". Wenn das passiert, habe ich oft das Gefühl, dass meine gesamte Energie und Zeit mir fruchtlos zerrinnen und ich sie nicht halten kann.

Etwas ganz Ähnliches kann man auch im spirituellen Bemühen erleben. Ohne klare Grenzen oder eine gewisse Disziplin ist es schwierig, sich auf einen spirituellen Weg mit Tiefgang und wesentlichem Gehalt zu begeben und auf ihm zu bleiben. Man kann sich dann ziemlich verloren und abgedriftet vorkommen, unfähig, Zeit und Raum zum Gebet und zum Nachdenken zu finden, wie man es eigentlich gern möchte. Dann fühlt man sich von Menschen, Ereignissen, Pflichten und den vielfältigsten Tätigkeiten permanent gehetzt und getrieben, und für das innere Selbst bleibt kaum mehr Zeit übrig. Kennen Sie das?

Mein Becher – er hält mir Ränder, Grenzen vor Augen. Wäre er nicht durch Außenwand, Rand und Boden begrenzt, könnte er nichts in sich bergen. Er hat eine Öffnung – er kann also geben *und* aufnehmen, aber seine Begrenzung bewahrt seinen Inhalt davor, in alle Richtungen zu zerfließen. Ähnlich brauchen auch wir klare Räume und Zeiten, um immer wieder in Kontakt mit unserem tieferen Selbst kommen zu können. Ohne solche festen Räume und Zeiten lassen uns alle möglichen Umstände, Störungen, Unterbrechungen, äußeren Wichtigkeiten und Terminzwänge die spirituelle Dimension des Lebens vergessen.

Wir müssen für uns selbst die Möglichkeit beanspruchen, unsere spirituellen Flügel auszubreiten und uns von der Energie Gottes aufladen zu lassen. Sogar Jesus beanspruchte immer wieder einmal eine Zeit für sich selbst, betete für sich allein oder zog sich aus seinem öffentlichen Wirken zurück, um zu seinen inneren Quellen zurückzukehren, aus ihnen zu schöpfen.

Ausnahmen gibt es immer. Zuweilen haben wir einfach nicht die Möglichkeit, zu der Zeit oder an dem Ort in unsere Mitte zu gehen, wann und wo wir das eigentlich vorhatten; aber oft ist das auch nur eine Frage des Entschlusses, konsequent einige Grenzen zu setzen und dabei zu bleiben. (Fragen: Kann ich die Türglocke oder das Telefon läuten lassen, ohne zwanghaft sofort darauf reagieren zu müssen? Kann ich den Stapel „Unerledigtes" einige Zeit sich selbst überlassen?)

Nehmen Sie sich heute Zeit dafür, über bestimmte Grenzen nachzudenken, die Sie um Ihres spirituellen Lebens willen einhalten sollten. Gibt es da Bereiche, für die Sie besonders achtsam sein sollten?

Atemgebet

Einatmen: Führe mich ...
Ausatmen: ... und schütze mich.

Zur Meditation

Halten Sie Ihren Becher in beiden Händen ...
Ertasten Sie aufmerksam seine Außenseite und den Boden ...
Fahren Sie mit den Fingern um seine Außenseite ...
Tasten Sie auch die Innenseite des Bechers ab ...
Schließen Sie die Augen und stellen Sie sich Ihre Grenzen in spiritueller Hinsicht vor ...
Versuchen Sie jetzt, an Gott zu denken ...
Fragen Sie ihn, welche Grenzen Sie um Ihres spirituellen Lebens willen einhalten sollten ...
Hören Sie genau hin, was Ihre innere Stimme Ihnen dazu sagt ...

Schriftwort

MATTHÄUS 14,22–27
„Nachdem er sie weggeschickt hatte, stieg er auf einen Berg, um in der Einsamkeit zu beten. Spät am Abend war er immer noch allein auf dem Berg" (Mt 14,23).

Für das Tagebuch

Was hält mich davon ab, mir genügend Zeit zu nehmen, um für mein inneres Leben aufzutanken ...?
Folgende Grenzen sollte ich unbedingt einhalten: ...
Wie mag Jesu gebetet haben, wenn er sich aus seinem beschäftigten Leben zurückzog, um allein zu sein?

Gebet

Gott, hilf mir, meine Beziehung zu dir von manchem anderen auf gesunde Weise abzugrenzen. Lass mich sehen, was ich da ändern sollte, und gib mir den Mut, mir genügend Zeit und Raum für mich selbst zu nehmen. Lass mich mein spirituelles Leben genügend schätzen, damit ich die richtigen Entscheidungen treffe, um mit dir in engem Kontakt zu bleiben. Erfülle dank der stillen Zeiten mit dir meinen ganzen übrigen Tag so, dass ich dich darin überall zu finden vermag.

Übung während des Tages

Ich fasse einen konkreten Entschluss
bezüglich einer Grenze, die ich setze.
Sie soll mir helfen, mir bewusst Zeit und Raum
für mich selbst und Gott zu nehmen.

Fünfter Tag

Der Becher als mein Lehrmeister

Die alten Iren hatten eine solche Vorstellung von Gott, dass sich ihnen eine Welt eröffnete, in der nichts zu gewöhnlich war, um nicht erhöht zu werden, und nichts zu hoch, um nicht gewöhnlich zu werden.

ESTHER DE WAAL

Darüber, wie man mit Gott in lebendige Beziehung kommt, sind unzählige Bücher geschrieben worden. In manchen wird das so beschrieben, als handle es sich um ein gewaltiges Unternehmen, aber in Wirklichkeit ist unser Leben mit Gott etwas ganz Einfaches. Hilfreich ist in dieser Hinsicht die alte irische Tradition: Sie setzt beim ganz Gewöhnlichen und Alltäglichen an und bietet auf diese Weise einen ganz gesunden Zugang zum spirituellen Reifen. Der Becher ist dafür ein guter Lehrmeister, denn er ist etwas ganz Gewöhnliches und gehört zu den Alltagsgegenständen unseres Lebens. Meistens verwende ich meine Tasse genau wie die spirituellen Gaben meines Lebens: Ich achte überhaupt nicht mehr auf ihre Schönheit oder darauf, wie sie meinem Bedürfnis nach Erfrischung dient.

Lange Zeit pflegte ich mein spirituelles Leben als etwas ganz Besonderes und hatte dabei das Gefühl, meine Arbeit, mein soziales Leben und meine Freuden und Mühen in meinen Beziehungen zu anderen Menschen hielten mich eher von Gott ab, als dass sie mich darin förderten und mir zum Anlass inneren Weiterkommens würden. Jetzt sehe ich das alles ganz anders. Ich bin zur Überzeugung gekommen, dass jeder Aspekt meines Lebens mein Leben mit Gott betrifft und sich darauf auswirkt. Die Welt, in der ich lebe, liefert mir mit all ihrer Schönheit und Tragik, mit ihren Geschöpfen aller

Art und Gestalt ständig Botschaften darüber, wer ich bin und wer Gott ist. Jeder Gegenstand und jeder Mensch lehrt mich etwas über Gott, das Leben und mich selbst.

So versuche ich jetzt, auf jeden Menschen, jedes Ereignis und jedes Geschöpf mit zwei Fragen zuzugehen: Inwiefern lehrst du mich etwas? Was soll ich von dir lernen?

Gott weilt überall bei uns. Es liegt an uns, darauf zu achten und uns dessen bewusst zu sein, dass diese liebende Gegenwart immer da ist. Unsere Zeit der Meditation und des Betens kann uns dazu anregen, dafür wach zu werden und bewusster damit zu leben, dass Gott alle unsere Tage und Nächte erfüllt. Noch der gewöhnlichste unserer Tage enthält den Glanz und ddie Kraft, die uns die spirituelle Achtsamkeit erschließen kann. An uns liegt es, darauf aufmerksam zu werden und im Hier und Jetzt gegenwärtig zu sein, um uns dadurch immer tiefere Dimensionen des Lebens zu erschließen.

Wenn wir uns für das spirituelle Reifen bereiten, können wir keinen Teil unseres Lebens auslassen. Nichts ist zu schäbig oder zu schmutzig, nichts zu ekstatisch oder leidenschaftlich, nichts zu weltlich oder gewöhnlich. Unser *gesamtes* Leben ist die Nahrung für unser spirituelles Wachstum. In ausnahmslos jeder Situation kann unsere Beziehung zu Gott enger und tiefer werden; alles hängt von unserer Einstellung, Offenheit und Achtsamkeit ab.

Achten Sie darauf, wie Gott Ihnen während des heutigen Tages begegnen will.

Die heutigen Übungen

Atemgebet

Einatmen: Geheimnis ...
Ausatmen: ... du lebst in mir.

Zur Meditation

Umfassen Sie Ihren Becher mit beiden Händen ...
Betrachten Sie ihn genau ...
Was lehrt Sie heute Ihr Becher?
Wenden Sie sich innerlich Gott zu ...
Horchen Sie ...
Bitten Sie Gott um Achtsamkeit
während des ganzen Tages ...

Schriftwort

LUKAS 12,22–31

„Seht auf die Raben: Sie säen nicht und ernten nicht ..., denn Gott ernährt sie. Seht euch die Lilien an: Sie arbeiten nicht und spinnen nicht. Doch ich sage euch: Selbst Salomo war in all seiner Pracht nicht gekleidet wie eine von ihnen" (12,24. 27).

Für das Tagebuch

Meine Tasse als Lehrmeisterin sagt mir ...
Was mich das Leben schon gelehrt hat, war ...
Heute möchte ich gerne lernen, dass ...

Gebet

Schöpfer und Erhalter des Lebens, das gesamte Leben ist mein Lehrmeister. Hilf mir, dass ich mit größerer Aufmerksamkeit hinsehe, höre, taste, schmecke, spüre. Lass mich achtsamer auf andere zugehen. Hilf mir, keinen Aspekt meines Tages beiseite zu wischen, ohne auf die Wahrheit zu achten, die er für mich birgt. Geheimnis des Lebens, sei heute mein Begleiter.

Übung während des Tages

Ich will auf etwas Bestimmtes,
ganz Gewöhnliches achten
und hören, was es mir sagt.

Sechster Tag

Mein Durst nach Gefülltwerden

So wahr Gott über die Eigenschaft des Mitempfindens verfügt ..., so wahr verfügt er auch über die Eigenschaften des Dürstens und der Sehnsucht. Kraft dieser Sehnsucht in Christus sehne ich mich als Antwort darauf nach Gott ... Die Eigenschaft sehnsüchtigen Dürstens kommt von der endlosen Güte Gottes ... Das spirituelle Dürsten in Gott wird so lange anhalten, wie wir noch etwas brauchen, und es zieht mich in Gottes Glückseligkeit hinein.

JULIANA VON NORWICH

Die Tage, an denen ich vollkommen zufrieden bin, sind selten. Gewöhnlich erhoffe, wünsche, ersehne ich mir mehr, dürste immer nach etwas anderem und Größerem, nach etwas, wovon ich glaube, es könne mich endgültig befriedigen und mein Leben glücklicher machen. Oft bin ich wie ein leerer Becher, der darauf wartet, mit dem gefüllt zu werden, wovon ich irgendwie glaube, es fehle meinem Leben noch.

Es gibt viele Arten inneren Dürstens. Sehr selten ist es, keinerlei Durst nach Dingen zu haben, die das Ego befriedigen: nach Anerkennung, Prestige, Macht und Erfolg. Gelingt es uns, von diesen Sehnsüchten ein gutes Stück weit loszukommen, wird unser Geist endlich freier, nach wesentlicheren Dingen zu dürsten, die Gott uns bereit hält. Dann richten wir uns stärker darauf aus, um lebendiges Wasser für unsere dürstende Seele zu bitten, statt um Dinge, die unser dürstendes Ego befriedigen.

Auf welche Dinge richtet sich dieser wesentlichere Durst? Welche Sehnsüchte steigen aus dem Kern unseres Wesens auf? Wonach begehrt unser Herz bezüglich Gott?

Das könnte zum Beispiel sein:

- Friede in Geist und Herz
- Heilung alter Wunden
- Annahme unserer selbst
- Gerechtigkeit für alle Ausgebeuteten
- Erkunden dessen, wer wir wirklich sind
- Harmonie in der Familie und am Arbeitsplatz
- Weisheit für gute Entscheidungen und Entschlüsse
- Vergebung gegenüber uns selbst und anderen
- Freisein von falschen Botschaften unseres Geistes
- Ehrfurcht vor dem Leben, Begeisterung dafür
- Bereitschaft, auf Gottes Stimme zu hören.

Betrachten Sie heute intensiv Ihr Leben, um genauer die Natur, Art und Stärke Ihres Dürstens zu erkennen. Bitten Sie Gott um lebendiges Wasser für Ihre Seele und halten Sie ihm dann wartend den Becher hin, damit er ihn füllen kann.

Die heutigen Übungen

Atemgebet

Einatmen: Ich dürste ...
Ausatmen: ... nach dir, mein Gott.

Zur Meditation

Halten Sie den leeren Becher in beiden Händen ...
Lassen Sie sich von ihrem Leersein an Ihre Sehnsüchte erinnern ...
Nach wem sehnen Sie sich? Wonach dürsten Sie am meisten ...?
Halten Sie jetzt den Becher eng an Ihr Herz ...
Empfinden Sie Ihren Durst nach Gott ...
Lassen Sie sich von Gott füllen ...

Schriftwort

PSALM 63

„Gott, du mein Gott, dich suche ich,
meine Seele dürstet nach dir.
Nach dir schmachtet mein Leib
wie dürres, lechzendes Land ohne Wasser" (63,1).

Für das Tagebuch

Ich dürste nach ...
Mein spiritueller Durst wurde schon gestillt, als ...
Gott, ...

Gebet

„Gott, in deiner Güte schenke mir dich selbst, denn nur du kannst
mir genügen. Ich kann nicht um weniger bitten, das dir ganz die
Ehre geben würde, und wenn ich um etwas bitten würde, was
weniger wäre, bliebe ich immer noch bedürftig. Nur in dir habe ich
alles" (JULIANA VON NORWICH).

Übung während des Tages

Ich will bewusst körperlich etwas durstig bleiben.
Dieser Durst soll mich an meinen inneren Durst
nach Gott erinnern.

Siebter Tag

Rückblick und Auswertung

1 Gehen Sie noch einmal in Ruhe die vergangenen sechs Tage durch.

2 Unterstreichen Sie in Ihrem Tagebuch alles, was Sie besonders anspricht, und verweilen Sie dabei noch einmal ...

3 Schreiben Sie eine kurze Zusammenfassung dessen, was im Lauf dieser Woche in Ihnen vorgegangen ist. (Oder Sie könnten dies stattdessen auch in Farben, Ton, Tanz usw. zum Ausdruck bringen oder einen Becher zeichnen und seiner Größe und Gestalt, seinem Aussehen und Inhalt Form geben, sodass er symbolisch darstellt, was Sie während dieser Woche erfahren haben.)

Zusätzliche Anregung

Denken Sie noch daran, sich jeden Abend einige Minuten Zeit für einen Rückblick auf den vergangenen Tag zu nehmen? Haben Sie sich jeden Abend *vor* dem Schlafengehen angeschaut, wie leer oder voll ihr Tag gewesen ist? Haben Sie die Geschenke bemerkt, die jeder Tag mit sich brachte?

Wenn Sie das zu tun vergessen haben, lesen Sie in der Einführung zu diesem Buch noch einmal das über diese „Rückschau am Abend" Gesagte nach.

ZWEITE WOCHE

Der offene Becher

Zum Thema der Woche

Sollten sich die Türen meines Herzens
jemals verschließen,
wäre ich so gut wie tot.

MARY OLIVER

Ab und zu gerate ich für einen Augenblick in reine Panik. Das
geschah zum Beispiel einmal, als ich spät abends von einer Ver-
sammlung heimkam und feststellen musste, dass ich meinen Haus-
schlüssel verloren hatte und vor der verschlossenen Tür stand.
Schließlich suchte ich nach einer Möglichkeit, irgendwie doch ins
Haus zu kommen, aber alles war dicht. Nach langem ratlosem Her-
umsuchen brachte ich es fertig, eine Glasscheibe einzuschlagen,
durchzugreifen und ein Türschloss aufzumachen. Ich war an diesem Abend ungeheuer erleichtert, als es mir endlich gelang, in
mein Haus zu kommen.

Die meisten alltäglichen Dinge müssen erst einmal auf irgendeine Weise geöffnet werden, damit sie ihren Zweck erfüllen können. Kleider muss man aufknöpfen, bevor man sie anziehen und
sich von ihnen wärmen und schützen lassen kann. Ein Buch muss
man aufschlagen, damit man sich seinen Inhalt zu Gemüte führen
kann. Ein Haus braucht Türen und Fenster, die man öffnet, bevor
es einen bergen kann. Eine Schranktür muss geöffnet werden, damit man seinen Inhalt sichten kann.

Das Gleiche gilt auch für unser spirituelles Selbst. Eine der
Grundvoraussetzungen für spirituelles Reifen ist das Offensein.
Soll Gott ganz in unser Leben eintreten, müssen wir bereit sein,
ihn zu empfangen. Dazu muss die Tür zu unserem inneren Selbst
weit aufstehen. Unser Geist und Herz müssen empfangsbereit sein,
damit wir hören und aufnehmen können, was Gott uns anbietet.

Gott braucht in unserem Leben offene Stellen, damit er „bis zu uns durchkommen", mit uns in Kommunikation treten, uns nähren, uns zu weiterem Wachstum anreizen, mit neuem Leben erfüllen und mit seiner Liebe erneuern kann. Das Offensein hat auch mit der Fähigkeit zu staunen und sich überraschen zu lassen zu tun. CHRISTINE LORE WEBER schreibt: „Alles Leben ist ein Anfangen. Ich brauche eine offene, spontane, freudige Einstellung, die weiß, dass sie nichts weiß. Ich brauche in mir eine Leere ... Ich muss den Bereich meiner Seele finden, der noch leer ist, sich noch überraschen lassen kann und noch offen für Wunder ist" *(The Finding Stone)*. Oft ist eine tiefe Freude mit Offenheit verbunden, denn Offenheit führt zu innerer Freiheit und Weiterwachsen.

Diese Freiheit kostet gewöhnlich ihren Preis. Sie setzt voraus, dass man in seinem Leben großes Vertrauen auf Gott hat und bereit ist, sich mit seinen eigenen inneren Widerständen offen auseinander zu setzen. Es ist nie angenehm, sich dem zu stellen, was einen vom Offensein abhält; aber solange man krampfhaft darin befangen bleibt, alles festzuhalten und sich an alte Sicherheiten zu klammern, blockiert man das eigene Weiterwachsen.

Zuweilen ist man vielleicht sogar offen, kann aber gar nicht viel aufnehmen, weil man so mit Gerümpel vollgestopft ist, dass Geist und Herz nicht viel Platz haben. Dieses ganze Gerümpel besetzt weithin den geistigen und emotionalen Raum und hält einen von den fruchtbaren Dingen ab, die man eigentlich bräuchte. Genau wie unsere Körper Sauerstoff ein- und Kohlendioxid ausatmen, muss auch unser Geist aufnehmen, was Leben gibt, und hergeben, was unnütz geworden ist.

Ich lade Sie ein, sich in dieser Woche Gedanken über Ihre Fähigkeit zur Offenheit zu machen und einige mutige Schritte zu unternehmen, um alles auszuleeren, was Sie vielleicht davon abhält, dass Ihr spiritueller Becher gefüllt werden kann. Außerdem möchte ich Sie ermutigen, ihre Zeiten des Alleinseins einzuhalten, also die Zeiten, während derer Sie Ihre volle Aufmerksamkeit Ihrer Beziehung zu Gott zuwenden. Die tägliche Übung des Alleinseins bereitet und nährt Ihre Bereitschaft, im Lauf Ihres Tages von Gott etwas zu empfangen. Das Alleinsein kann Ihnen helfen, sich immer wieder auf Ihre Intentionen zu konzentrieren, aufmerksamer zu hören und einigen inneren Müll beiseite zu räumen, der Ihrer spirituellen Offenheit im Weg liegt.

Möge es Ihnen beschieden sein, im Verlauf dieser Woche Ihren inneren Raum immer weiter zu öffnen. Er wartet darauf, vom Glanz Gottes erfüllt zu werden.

Großzügiger Gott,
so oft bin ich schon
mit meinem leeren Becher
vor dich gekommen,
von Herzen ein/e Bettler/in
bar jeder Kraft,

und du hast ihn gefüllt.

Großzügiger Gott,
so oft bin ich schon gekommen
mit Angst vor dem Unbekannten,
voller negativer Dinge und Nein,
habe mich gegen Herausforderungen gesperrt,
war verschlossen und nicht zum Weiterwachsen bereit,

doch du hast mich offen werden lassen.

Großzügiger Gott,
so oft bin ich gekommen,
meinem Geist entfremdet,
angefüllt und taub vom Lärm unserer Zeit,
befangen in unendlich viel Müll,
bis oben voll zugefüllt,

und du hast mich leer gemacht.

Großzügiger Gott,
ich komme wieder zu dir,
halte dir wartend meinen Becher hin
und bitte:
Mach ihn erst leer
von allem, was den Weg versperrt,
und dann fülle du ihn
mit Liebe, die nach dir schmeckt.

JOYCE RUPP

Erster Tag

Der überfüllte Becher

Unser Geist ist wie eine Elster. Er greift alles auf, was glitzert, ganz gleich, wie unbequem unser Nest mit dem ganzen Metallzeug darin wird.

THOMAS MERTON

Ich weiß nicht, wie es Ihnen geht, aber ich versuche immer wieder neu, alle äußeren Dinge loszuwerden, die sich in meinem Leben unablässig ansammeln. Da habe ich gerade einen ganzen Stapel Korrespondenz abgearbeitet – und schon türmt sich wieder ein neuer auf. Oder ich räume wieder einmal meinen Schreibtisch auf – und eine Woche später sieht er noch schlimmer aus als vorher. Ich staube im ganzen Haus ab und verstaue oder entsorge alle möglichen Gegenstände – und schon bald geht die gleiche Arbeit wieder von vorne los. Unablässig gibt es irgendeinen Haufen Dinge, die wieder sortiert oder ausgemistet werden müssen.

Auf spirituellem Gebiet ist das genauso. Pausenlos sammelt sich unglaublich viel innerer Müll an. Gefühle der Angst, des Grolls, des harten Urteilens, des Selbstmitleids und des Misstrauens können eine Menge inneren Raum für sich beanspruchen. Aufdringliche innere Stimmen, negative Gedanken, sinnlose Ängste und Sorgen, Botschaften alter Verletzungen, Zwänge, was ich „alles noch tun muss" oder „noch tun möchte", kommandieren mich ständig herum und verdrängen alles Gute, das darauf wartet, an mich heranzukommen.

Als ich an einem sonnigen Märzmorgen meinen üblichen Spaziergang einen hohen Hügel in der Nähe meines Hauses hinauf machte, fiel mir aller mögliche Müll und Abfall am Wegrand auf. Es war unglaublich, wie viel Unrat sich längs dieser kurzen Wegstrecke angesammelt hatte. Mir tat dieser Anblick wirklich weh. Als ich Tags darauf wieder an diesem ganzen Müll vorbeikam, war ich übel gelaunt und wurde innerlich sehr wütend darüber. Plötzlich jedoch ging mir auf, dass ich selber diesem Weg auf den Hügel hinauf glich. Auch in meinem Inneren gab es längs meines Weges eine Menge Müll und Abfall. Meine negative Einstellung verstopfte meinen Geist und hielt mich davon ab, die Freude des neuen Tages in mich hereinzulassen.

Alles kann zum Müll werden, sobald es mich ganz in mir selbst gefangen hält und mir die Aufmerksamkeit für das nimmt, was Gott mir anbietet. Selbst an sich Wunderbares wie Erfolg, Wissen, Schönheit und Vergnügen können „Müll" werden, wenn ich um jeden Preis daran hafte, versessen darauf bin, immer mehr davon zu bekommen, und alles klammernd festhalte oder meine gesamte Energie dafür aufwende, es mir zu bewahren.

Ich muss ja all diese Dinge nicht wegwerfen, sie jedoch davon abhalten, mein gesamtes inneres Leben in Beschlag zu nehmen. Wenn ich es zulasse, dass sie sich meines Geistes oder meiner Gefühle bemächtigen, bringen sie mich aus dem Gleichgewicht. Wenn ich alles mit dem zustelle, was ich selbst angesammelt habe, bleibt kaum mehr Spielraum für Gottes Programm. Sogar das Gebet kann zum erstickenden Müll werden, und zwar dann, wenn ich mich so sehr auf meine spirituelle Übung konzentriere, dass für meine Beziehung zu Gott gar kein Raum mehr bleibt.

Seien Sie heute voller Geduld mit sich selbst, wenn Sie alles, was Sie angesammelt haben, sortieren und wenn Sie darüber entscheiden, was ausgemistet werden müsste. Es braucht seine Zeit, um das alles durchzusehen und auszuräumen, was man sein Leben lang aufgehäuft hat!

Die heutigen Übungen

Atemgebet

Einatmen: Loslassen ...
Ausatmen: ... und ausräumen.

Zur Meditation

Setzen Sie sich still hin ...
Wenden Sie sich nach innen ...
Sehen Sie sich darin genau um ...
Schauen Sie genau zu, was Ihr Leben mit Gott verstellt ...
Dann nehmen Sie Ihren Becher ...
Stellen Sie sich vor, all das sei in Ihrem Becher ...
Heben Sie den Becher an und kippen ihn um ...
Gießen Sie symbolisch den ganzen Müll Ihres Innenlebens aus ...
Dann stellen Sie den Becher wieder gerade hin und sitzen still
da ...
Lassen Sie sich vom Gefühl der Freiheit von allem Müll erfassen ...
Versuchen Sie die Freude zu erspüren,
die ein leer und offen gewordenes Herz empfindet ...

Schriftwort

MATTHÄUS 6,19–21
„Denn wo dein Schatz ist,
da ist auch dein Herz" (6,21).

Für das Tagebuch

Formulieren Sie ein Gespräch mit Gott über Ihren inneren Müll ...
Stellen Sie eine Liste allen Abfalls Ihres Lebens auf ...
Der innere Abfall, den ich am schwierigsten loswerde, ist ...
und zwar, weil ...

Gebet

Gott, lass das Licht deiner Liebe in meinen Geist leuchten.
Hilf mir sehen, was mir im Weg steht.

Schenk mir die Kraft, alles Überholte auszuräumen.
Ich danke dir dafür, dass deine Kraft durch mich wirkt.
Lass mich durch diesen Tag mit dem wachen Bewusstsein gehen,
mit dir eins zu sein.

Übung während des Tages

Legen Sie den Becher seitwärts hin und stecken Sie Ihre Liste so
hinein, dass sie halb drinnen ist, halb herausschaut, zum Zeichen,
dass Sie aus Ihrem Leben unnötiges Zeug ausgießen wollen. Versuchen Sie, am heutigen Tag ein Stück überholten Materials endgültig loszuwerden.

Zweiter Tag

Raum zum Hören

Wie oft sagen wir beim Beten wirklich: „Sprich, Herr, dein Diener hört"? Ich glaube, wir sagen viel öfter: „Höre, Herr, dein Diener spricht!"

ROBERT WICKS

Einer Freundin von mir versagt regelmäßig die Stimme, und sie kann sich dann nur noch flüsternd mitteilen. Eines Tages rief sie mich an und flüsterte mir fünfzehn Minuten lang etwas zu. Ich brauchte ungeheuer viel Energie, um ihr aufmerksam zuzuhören und zu verstehen, was sie mir alles sagen wollte. Ich glaube, so ähnlich ist es auch, wenn man aufmerksam auf Gott hören möchte. Gott spricht mit leiser Stimme zu uns. Wenn mein Leben mit vielen Gedanken und Gefühlen überfüllt und vollgestopft ist, die sich alle laut meines Kopfes und Herzens bemächtigen, kann es leicht passieren, dass ich überhöre, was Gott mir sagen will.

Das aufmerksame Hören ist für das spirituelle Reifen ganz wesentlich. Dazu müssen Geist und Herz offen sein, leer von all dem Müll, der uns im Weg liegt und keinen Platz für das lässt, was in unser Leben hereinkommen möchte. Das Hinhören ist vor allem deshalb heute so schwierig, weil unsere äußere Welt so voller Lärm ist. Wir werden pausenlos vom Lärm des Verkehrs, des Fernsehens und der zahllosen Maschinen beschallt, die an unserer Stelle unser Leben übernehmen wollen. Wir lernen es unbewusst, viele dieser Geräusche gar nicht mehr wahrzunehmen oder nicht mehr zu beachten, indem wir nicht bewusst auf sie hören. Doch mit unserer Gewöhnung daran, viele dieser äußeren Geräusche gar nicht mehr zu hören, laufen wir Gefahr, auch innerlich abzuschalten.

So geht es darum, etlichen Lärm und zahlreiche Tätigkeiten zuweilen bewusst zu reduzieren; aber ich glaube, zum richtigen Hören gehört dazu noch, es besser zu lernen, einfach zu „sein". Das bloße „Da-Sein" hilft uns, Achtsamkeit zu entwickeln und uns mutiger auf unser inneres Tätigsein zu konzentrieren, ohne etwas anderes „tun" zu müssen, als einfach achtsam zu sein. BEATRICE BRUTEAU schreibt: „Das Hören ist eine nicht-produktive, kontemplative Tätigkeit, eine Art Bemühen um Nicht-Bemühen; denn wenn man sich von sich aus um etwas bemüht, macht das immer Lärm und hindert einen am Hören" *(Radical Optimism)*. Das ist gar nicht so leicht, zumal wir in einer Kultur leben, die auf das ständige Aktiv- und Produktivsein angelegt ist.

Jeder Aspekt unseres Lebens hat uns etwas für unser Wachstum zu bieten, denn Gott ist mitten in allem. Wenn ich mich ganz der Achtsamkeit und dem genauen Hinhören widme, stelle ich fest, dass ich Gott überall entdecken kann. Wenn ich Musik höre, „höre" ich Zusammenhänge mit meinem inneren Leben heraus, und genauso, wenn ich meine Korrespondenz lese, telefoniere, Menschen begegne, etwas lese, berühre, koste oder wenn mir Einsichten oder Gefühle kommen.

Hören Sie hin ...?
Was hören Sie ...?

Die heutigen Übungen

Atemgebet

Einatmen: Ich höre ...
Ausatmen: ... Du bist da.

Zur Meditation

Halten Sie den Becher in ihren offenen Händen ...
Sehen Sie, wie er darin still liegt ...

Stellen Sie sich vor, wie Sie in den Händen Gottes ruhen ...
Versuchen Sie, sich der Stille tief in Ihrem Inneren zuzuwenden ...
Seien Sie ganz achtsam ...
Versuchen Sie einfach, mit Gott zu „sein" ...
Horchen Sie ...

Schriftwort

PSALM 85,8–13
„Ich will hören, was Gott redet:
Frieden verkündet der Herr seinem Volk ...,
den Menschen mit redlichem Herzen" (85,9).

Für das Tagebuch

Guter Gott, was willst du mir über das „Da-Sein" sagen? Was hält
mich davon ab, auf die Stimme des Heiligen zu hören? Unlängst
habe ich einmal den Anschluss an meine Innenwelt gefunden,
als ...

Gebet

Gott, du versuchst unablässig, meine Aufmerksamkeit zu gewinnen. Du rührst dich und rufst mich an den unwahrscheinlichsten
Stellen meines Lebens – bei Menschen und in Situationen, denen
ich gar nicht zutraue, dass sie deine Gegenwart enthalten könnten.
Du winkst mich in die Winkel meines inneren Wesens, in denen
ich dich erst noch entdecken muss. Mach mich offen, damit ich
während des heutigen Tages deine Gegenwart nicht übersehe. Hilf
mir zu lernen, wie ich einfach „da sein" und mein Bedürfnis, ständig in Tätigkeiten aufzugehen, loslassen kann.

Übung während des Tages

Heute will ich eine Stunde lang ganz besonders aufmerksam
auf jede Einzelheit meines Lebens achten, um darin Gott zu finden.

Dritter Tag

Der leere Becher

In unserer Wesensmitte öffnet sich eine Tür und wir scheinen durch sie in bodenlose Tiefen zu fallen, die zwar endlos, jedoch für uns alle zugänglich sind; in diesem einen stillen und atemlosen Erfasstwerden scheint die gesamte Ewigkeit unser geworden zu sein. Gott rührt uns mit etwas an, das Leere ist und uns leer macht.

THOMAS MERTON

Es gibt ein Stück von mir, das immer erfüllt sein und sich wohl fühlen möchte, das wünscht, mein Leben verlaufe harmonisch und bleibe ohne Schmerz oder Ungemach. Jedoch weiß ich, dass ein Becher, der immer voll ist, nichts mehr aufnehmen kann. Er hat keinen Platz mehr, um noch Weiteres als das enthalten zu können, was er schon hat. Genauso wird der Inhalt eines Bechers, den man nie verwendet oder anbietet, fad und geschmacklos.

Der spirituelle Weg ist ein ständiger Kreislauf von Geleert- und Gefülltwerden, von Sterben und Auferstehen, von Aufnehmen und Loslassen. Der volle Becher wird immer wieder geleert, damit er stets wieder neu gefüllt werden kann. Dieses Geleertwerden ereignet sich auf viele unterschiedliche Weisen. Gelegentlich beschließe ich, von meiner Fülle entleert zu werden, etwa wenn ich mich auf eine Situation einlasse, in der das Leben eines anderen Menschen mir viel Zeit und Kraft abverlangt. Dieses Geleertwerden kann sehr zehrend sein, aber auch lohnend und befriedigend, wenn ich das Gefühl habe, jemand anderem wirklich etwas geben zu können.

Bei anderen Anlässen leert mir das Leben den Becher, ohne mich vorher um Erlaubnis zu fragen. Anstrengende, unangenehme, vertrackte, mühsame, frustrierende Erfahrungen leeren mich ständig. Ich werde ebenso geleert, wenn ich beschließe, bestimmte Verhaltensweisen und Gewohnheiten aufzugeben, die mir und anderen schaden.

Der Prozess des Geleertwerdens mag schmerzlich, kann jedoch auch sehr fruchtbar sein. Leere Zeiten können sich nutzlos, fruchtlos und unproduktiv anfühlen; aber in Wirklichkeit sind sie Möglichkeiten, in jene „bodenlosen Tiefen" in uns selbst zu fallen, in denen wir klarer sehen, weniger alles im Griff haben, uns intensiver nach Gott sehnen und mit größerer Ehrfurcht und Dankbarkeit an das Leben rühren. Wir treten dann in jenen geheimnisvollen, Ehrfurcht gebietenden Tiefenbereich unseres Inneren ein, der die Schönheit Gottes birgt. Die Leere ist ein Geschenk, das uns für die umwandelnde Kraft Gottes weiter öffnet.

Wenn man zum Beispiel fastet, also Speisen und Getränke einschränkt, ist das eine Möglichkeit, sich selbst physisch ein Stück weit seiner Fülle zu entledigen, sich zu leeren. Das ist zugleich ein Weg, sich daran zu erinnern, dass man sich von Zeit zu Zeit wieder leer machen sollte. Das körperliche Fasten kann einen für andere Formen des Leerwerdens stärken.

Am heutigen Tag könnten Sie beschließen, körperlich zu fasten, damit Sie mehr Mut bekommen, sich Ihren Becher leeren zu lassen, wenn die Zeit dafür kommt.

Die heutigen Übungen

Atemgebet

(Achten Sie dieses Mal besonders auf das ständige Hin und Her von Füllen und Leeren, wenn Sie ein- und ausatmen.)
Einatmen: Gefüllt werden ...
Ausatmen: ... leer werden.

Zur Meditation

Schauen Sie in Ihren leeren Becher ...
Halten Sie ihn zwischen beiden Händen ...
Schauen Sie in die Leere ...
Verweilen Sie in dieser Leere ...
Versuchen Sie nicht, sie mit Einsichten oder Gefühlen zu füllen ...
Öffnen Sie die Tür Ihres Herzens ...
Gehen Sie hinein und seien Sie mit Gott ...

Schriftwort

PHILIPPER 2,1-11
„Seid so gesinnt, wie es dem Leben in Christus Jesus entspricht: Er war Gott gleich, hielt aber nicht daran fest, wie Gott zu sein, sondern leerte sich ..." (2,5-7).

Für das Tagebuch

Wenn ich das Wort „Leere" höre, empfinde ich ...
Wenn es darum geht, leer zu werden, ging es mir schon so, dass ...
Jesus, du leer Gewordener, ...

Gebet

Jesus, du weißt, wie es ist, ganz ausgeleert zu sein. Lehre mich den Wert der Leere. Hilf mir, keine Angst zu haben, wenn mein voller Becher ausgeleert wird. Komm dann du mit deiner Stärke, deinem Frieden, deiner Hoffnung. Steh mir in den Zeiten bei, die mich leer machen, damit ich offen und zum Weiterwachsen bereit bleibe.

Übung während des Tages

Ich will fasten (mir vorsätzlich etwas an Nahrung, Trank, bestimmten Gedanken, Lesen oder Fernsehen entziehen), um mir bewusst zu machen, dass ich mich immer wieder „leeren" muss.

Vierter Tag

Aufnahmebereitschaft

Ton formt man zu Krügen, und dank der Leere, die sie
umfassen, lässt sich darin Wasser tragen. Aus einer
Wand wird ein Stück herausgehauen, und dank der
Leere, die sie umschließt, kommt Licht ins Haus. Sei
leer und du bleibst voll ...
LAOTSE

Bei einem Gespräch über die Leere, das ich leitete, beschrieb eine
der Teilnehmerinnen das große Leid und die lange Phase der Depression, die sie gerade hinter sich hatte. Dazu sagte sie dann: „Ich
glaube, das größte Geschenk meiner Leere war, dass ich nichts geben konnte. Ich konnte nur noch empfangen."

Den meisten fällt es sehr viel leichter, etwas zu geben, als etwas
anzunehmen. Während der Geste des Gebens ist man gewöhnlich in
der Rolle des Stärkeren und Bestimmenden. Zuweilen muss man
regelrecht in die Knie gezwungen werden, ehe man bereit ist, etwas
anzunehmen. Das kann dann der Fall sein, wenn die Ereignisse und
Umstände des Lebens uns die Zügel aus der Hand nehmen und das
Leerwerden für uns besorgen. Vielleicht ist es eine lang anhaltende
Krankheit oder das Trauma einer Ehescheidung oder der Schmerz
über den Tod eines geliebten Menschen, was uns leer werden lässt.
Wenn man dann aus eigener Kraft nicht mehr stehen kann, verfügt
man nicht mehr über seine sonstigen inneren Reserven und wird
bereiter, etwas anzunehmen. Ist man innerlich leer und arm geworden, so geht einem schließlich auf, dass man sich auf jemand anderen verlassen muss, der einem das gibt, was man braucht.

Wenn man aufnahmebereit ist, wird einem vieles geschenkt –
darunter auch Geschenke wie etwa ein tieferes Verständnis seiner

selbst und des Lebens, ein dichteres Einssein mit Gott, eine größere Wertschätzung seiner Freunde und Lieben, ein ganz neuer Blick für vieles, was man für zu selbstverständlich hielt, oder eine ganz neue Sicht des Lebens, die einem bislang nur ganz schwach gedämmert hatte.

Zunächst ist man vielleicht nicht für all das aufnahmebereit, was einem angeboten wird. Was da alles in den empfangsbereiten Becher unseres Herzens geschüttet wird, mag uns unnötig erscheinen oder erst reizen oder ängstigen. Vielleicht möchten wir nicht die Wahrheit über unsere Illusionen erfahren, ein gewaltiges Risiko oder eine tief greifende Veränderung nicht eingehen oder einen großen Glaubenssprung bezüglich unserer selbst oder anderer nicht machen oder eine Liebe wie diejenige Gottes, die derart total und bedingungslos ist, nicht annehmen.

Aber nach und nach lernt man es, wie wunderbar das Annehmen ist, und man wird offener und aufnahmebereiter. Man nimmt dankbarer etwas an und lässt sich alles das schenken, was man für sein Wachstum braucht. Man wird auch zuversichtlicher, weil man es lernt, im Kern aller Geschenke den Schatz der Liebe Gottes zu erkennen, die sich in Fülle in unsere offenen, leeren, bereiten Herzen ergießt.

Die heutigen Übungen

Atemgebet

Einatmen: Ich bin bereit ...
Ausatmen: ... und nehme an.

Zur Meditation

Halten Sie den leeren Becher in beiden Händen ...
Sehen Sie sich den ganzen Raum an, den die Tasse zum Füllen bereit hält ...
Stellen Sie sich jetzt Ihr eigenes Inneres vor ...

Sehen Sie zu, wie viel Raum darin ist, der gefüllt werden könnte ...
Halten Sie den Becher mit der Geste eines Bettlers vor sich hin ...
Bitten Sie Gott, ihn zu füllen ...
Stehen Sie auf, gehen Sie und füllen Sie etwas in ihren Becher
(Kaffee, Tee, Wasser) ...
Kommen Sie wieder her und setzen Sie sich ...
Nehmen Sie den Inhalt des Bechers in sich auf und genießen Sie
ihn ...

Schriftwort

PSALM 81

„Tu deinen Mund auf! Ich will ihn füllen ...
Ich würde dich mit bestem Weizen nähren
und mit Honig aus dem Felsen sättigen" (81,11. 17).

Für das Tagebuch

Versuchen Sie sich an eine Zeit zu erinnern, in der Sie sich sehr
leer fühlten und dann etwas annahmen, das Sie für Ihr Leben
brauchten. Beschreiben Sie diese Erfahrung.
Was finde ich beim Annehmen am schwierigsten?
Was würde mir helfen, bereitwilliger etwas anzunehmen?

Gebet

Gnädiger Geber aller Gaben, du verfügst über so vieles, was du mit
mir teilen möchtest. Hilf mir, meine Ängste, Befürchtungen, Zweifel und Vorurteile loszulassen. Entferne alle Hindernisse, die mich
davon abhalten anzunehmen, was du mir schenken möchtest. Lass
mich empfangsbereit sein, damit du mir deine Liebe und Weisheit
eingießen kannst.

Übung während des Tages

Wenn andere mir in irgendeiner Form Hilfe anbieten, will ich sie
gern und dankbar annehmen.

Fünfter Tag

Vertrauen

Hast du absolutes Vertrauen, so wirst du immer empfänglich genug für die Zeichen sein, die das Leben,
Gott und du selbst – dein Tiefenselbst – dir zukommen
lassen. Du wirst immer den Schlüssel, die Information
und die Inspiration erhalten, die du zum Durchkommen brauchst.

ANDREW HARVEY

Leerwerden verlangt die Bereitschaft zum Weiterwachsen. Es verlangt auch, dass man sich mit seinem Leben Gott anvertraut und
daran glaubt, dass er für und nicht gegen uns ist, und darauf baut,
dass er einen in Zeiten der Not nicht im Stich lassen wird. Vertrauen ist die Grundlage der Liebe.

Die heilige Teresa von Ávila betete darum, Gott allein möge ihr
genügen. Diese Vorstellung kommt mir oft wie eine gewaltige Herausforderung vor. In Zeiten der Leere frage ich Gott manchmal:
„Genügst du mir allein? Kann ich damit zufrieden sein, nur dich
und sonst niemanden und nichts von dem zu haben, was meinem
Leben entzogen wird?" Ich möchte durchaus ernsthaft, dass Gott
allein mir genüge und ich nicht nach anderen Dingen herumsuche,
die die Stelle dieser liebevollen Gegenwart in meinem Leben aus-
füllen könnten; aber in meinen Augenblicken der Unsicherheit
oder des Schmerzes komme ich leicht ins Wanken und fange an zu
zweifeln, ob tatsächlich „Gott allein genügt". Das ist eine wider-
sprüchliche Angelegenheit; denn so sehr ich spüre, dass ich mich
nach Gott sehne, fällt es mir zuweilen ungeheuer schwer, nichts als
Gott zu haben.

Eine wichtige Lektion über die Notwendigkeit, mein Vertrauen ganz auf Gott zu setzen, lernte ich vor einigen Jahren, als ich krank darniederlag und darauf wartete, ins Operationszimmer geschoben zu werden. Es war ziemlich unsicher, was bei der Operation herauskommt, und ich machte mir wegen meiner Lage große Sorgen. Statt leerer Fragen wollte ich klare Antworten haben. Als ich so dalag und mir wünschte, überall sonst, nur nicht in einem Krankenhaus zu sein, formten sich in meinem Geist Worte der Auslieferung. Ich war fähig, wirklich zu beten: „In deine Hände lege ich mein Leben." Nachdem ich das getan hatte, überkam mich ein ungemein tiefer Friede. In diesem gesegneten Augenblick setzte ich mein Vertrauen völlig auf Gott und fand mein Genügen allein an Gott. Von da an wusste ich, dass, was immer geschehen würde, es recht sein werde, weil Gott ja bei mir war.

Unser Leben völlig Gott anzuvertrauen kann ziemlich schwierig sein; denn wenn wir geleert werden, fühlen wir uns oft sehr verletzlich. Doch je mehr wir mit Gott vertraut werden, desto eher können wir unsere Ängste loslassen.

Heute ist der richtige Tag, sich gründlich mit dem „Vertrauen" zu befassen. Überdenken Sie Ihre Lebensgeschichte unter dem Aspekt Ihres Vertrauens in andere Menschen. Je größeres Vertrauen wir in unseren mitmenschlichen Beziehungen erfahren, desto wahrscheinlicher wird es, dass wir auch in unserem Vertrauen auf Gott offen und frei werden. Wurde Ihr Vertrauen von anderen verletzt, so bitten Sie Gott, Ihnen neuen Mut zum Vertrauen zu schenken. Lassen Sie heute Gott allein Ihr Genügen sein.

Atemgebet

Einatmen : In deine Hände ...
Ausatmen: ... lege ich mein Leben.

Zur Meditation

Stellen Sie Ihren Becher an einer sicheren Stelle vor sich auf ...
Lassen Sie sich von ihm vor Augen halten, wie Sie Gottes Liebe
aufzunehmen begehren ...
Schließen Sie die Augen ...
Gehen Sie näher zu Gott hin ...
Versuchen Sie zu spüren, wie Sie sich dort sicher fühlen ...
Genießen Sie diesen sicheren Hafen ...
Lassen Sie Gott Ihr ganzes Genügen sein ...
Genießen Sie die Liebe Gottes, die Sie umschließt ...

Schriftwort

PSALM 56
„An dem Tag, an dem ich mich fürchten muss,
setze ich auf dich mein Vertrauen.
Ich habe erkannt: Mir steht Gott zur Seite" (56,4. 10).

Für das Tagebuch

Was hält mich davon ab, mein Leben ganz Gott anzuvertrauen?
Ich wecke Erinnerungen an Menschen, denen ich vertraut habe
und die mir dieses Vertrauen belohnt haben ... *(Schreiben Sie ihre
Namen auf. Vergegenwärtigen Sie sich, was sie an sich hatten,
dass sie Ihnen ein Gefühl der Sicherheit und des Vertrauens
gaben.)*
Schreiben Sie ein Gespräch mit Gott auf. Bitten Sie Gott um Vertrauen und darum, dass „er allein" Ihnen „genüge".

Gebet

Nach dem Gebet der heiligen Teresa von Ávila
Nichts soll mich verwirren, nichts mich erschrecken. Lass mir von nichts den Frieden rauben. Hilf mir warten, mit Vertrauen und Geduld und dem Wissen, dass du für mich sorgen wirst. In dir, Gott, fehlt mir nichts. Du bist mein fester Grund. Du genügst mir.

Übung während des Tages

Immer, wenn jemand oder etwas meinen inneren Frieden stören, wende ich mich Gott zu und vertraue darauf, dass er mich führen und mit starker Hand leiten wird.

Sechster Tag

Alleinsein

Ich verliere meine Mitte. Ich fühle mich zerflossen, zerstreut, in Einzelteile zerfallen. Ich brauche Zeit für
mich allein, um mir jede Begegnung durch den Kopf
gehen zu lassen, ihren Gehalt zu erfassen, sie einzuord-
nen und zu begreifen, was mir infolge von ihr nun
eigentlich genau zuteil geworden ist.

MARY SARTON

Wenn man den Becher seiner selbst leert, verfügt man in seinem
Leben über mehr Raum für die wirklich wertvollen Dinge. Dieser
Raum schafft die Freiheit, die Wahrheiten aufzunehmen, die aus
dem eigenen tieferen Selbst aufsteigen, wenn man sein Leben ver-
langsamt und aus seinem Herumhetzen zur Ruhe kommt. Das
Alleinsein hilft zum Hören; man sieht mit größerer innerer Klar-
heit, was man ausleeren und was man unbedingt aufnehmen
sollte. Das Alleinsein weckt eine wachere Aufmerksamkeit auf Gott
und sich selbst.

Das Alleinsein ist der leere Raum, den man bewusst wählt, um
mit dem Geliebten zu sein. Im Alleinsein kann man seine Güte verkosten und Raum für wirkliches Hinhören finden. Ist man völlig
von den vielen Einzelheiten seines Lebens in Beschlag genommen
und hastet auf dem Marktplatz umher, so achtet man gewöhnlich
nur auf die Oberfläche der Dinge. Die Einsamkeit kann einem helfen, sich aus dieser Hetze zu lösen und Abstand und zugleich einen
tieferen Blick zu gewinnen. Erst wenn man allein ist, nicht dauernd gestört wird und mit Geist und Herz bei einer einzigen Sache
bleiben kann, treten einige der wunderbaren inneren Früchte zu

Tage. Will man sich also auf ein spirituelles Wachstum einlassen, so braucht man dazu unbedingt zuweilen das Alleinsein. Ganz allein zu sein ist nicht immer bequem und trostvoll. Es muss nicht heißen, dass man dann immer mit befriedigenden Erfahrungen gesegnet ist. Zuweilen wird man mit Aspekten seiner selbst konfrontiert, die man zu vermeiden oder zu übersehen versucht hat, weil sie zu weh tun oder einen zu stark in Frage stellen. Die Zeit des Alleinseins kann eine einsame, rastlose Zeit werden oder eine Zeit, in der mich schmerzliche Erinnerungen heimsuchen. Überkommen Sie in Zeiten des vorsätzlichen Alleinseins Ruhelosigkeit, Gefühle der Einsamkeit oder andere mühsame Bewusstseinszustände, sollten Sie versuchen, sie auszuhalten, statt vor ihnen davonzulaufen. Bleiben Sie einfach sitzen, weinen Sie oder lachen Sie. Setzen Sie sich dem Gefühl Ihres Hungers nach Gott mutig aus. Empfinden Sie bewusst Ihren Schmerz. Haben Sie Mitgefühl mit sich selbst. Vertrauen Sie darauf, dass grundsätzlich alles, was sich in der Zeit Ihres Alleinseins regt, schließlich Frucht tragen wird, denn Gott ist ja darin bei Ihnen.

Wenn man auf seinem spirituellen Weg reifer wird, nimmt man alle seine Gefühlszustände und Stimmungen so an, wie sie sind. Man hascht dann nicht mehr nach dem, was man eigentlich möchte, und läuft nicht mehr vor dem Unerwünschten davon. Das Alleinsein hilft, einfach mit Gott zu „sein". Es schenkt dem eigenen Leben neuen Sinn. Es macht wacher für die Gegenwart Gottes in jedem Aspekt des eigenen Lebens.

Vertrauen Sie sich dem Alleinsein an. Gott erwartet sie darin.

Die heutigen Übungen

Atemgebet

Einatmen: Gott ...
Ausatmen: ... Liebe.

Zur Meditation

Stellen Sie Ihren Becher auf eine freie Fläche in Ihrer Nähe ...
Räumen Sie alles andere weg ...
Lassen Sie sich von diesem einsamen Becher in Ihr eigenes Einsamsein rufen ...
Lassen Sie alles los, was Sie von dieser Zeit erwarten ...
Entspannen Sie sich und wiederholen langsam die Worte: „Gott, du allein genügst mir ..."
Lächeln Sie, während Sie diese wunderbare Wahrheit aussprechen ...
Lassen Sie sie tief in sich einsinken ...

Schriftwort

MATTHÄUS 6,5f
„Du aber geh in deine Kammer, wenn du betest,
und schließ die Tür zu; dann bete zu Gott."

Für das Tagebuch

Wenn ich ganz allein bin, habe ich besonders damit zu kämpfen, dass ...
Wenn ich ganz allein bin, empfinde ich besonders wohltuend, dass ...
Gott, den ich liebe, ...

Gebet

Gott, den meine Seele liebt, ich möchte dir ganz nahe sein.
Ich ahne die Liebe, die du mir schenken möchtest.
Ich versuche, dem Anspruch zu entsprechen, den sie an mich stellt.
Ich möchte für die Wahrheiten offen sein, die mich verändern.
Schenk mir den Mut, nicht davonzulaufen.

Ich will meine eigenen Erwartungen loslassen und mir Zeit nehmen.

Hilf mir, dass diese Zeit des Alleinseins sich auf mein ganzes Leben segensreich auswirkt.

Übung während des Tages

Ich versuche, die Zeit meines Alleinseins sich auf den übrigen Tag auswirken zu lassen. So will ich alles, was an diesem Tag auf mich zukommt, als von Gott geschickt annehmen ...

Siebter Tag

Rückblick und Auswertung

1 Gehen Sie noch einmal in Ruhe die vergangenen sechs Tage durch ...

2 Unterstreichen Sie in Ihrem Tagebuch alles, was Sie mit seiner Wahrheit besonders anspricht, und verweilen Sie dabei noch einmal ...

3 Schreiben Sie eine kurze Zusammenfassung dessen, was im Lauf dieser Woche in Ihnen vorgegangen ist. (Oder Sie könnten dies stattdessen auch in Farben, Ton, Tanz usw. zum Ausdruck bringen oder einen Becher zeichnen und seiner Größe und Gestalt, seinem Aussehen und Inhalt Form geben, sodass er symbolisch darstellt, was Sie während dieser Woche erfahren haben.)

Zusätzliche Anregung

Welche Erfahrungen machen Sie mit der Übung des Atemgebets? Ist es hilfreich? Schwierig? Zerstreut es Sie eher? Ist es anscheinend sinnlos?

Falls Sie das Achten auf das Ein- und Ausatmen ablenkt und Sie dadurch Ihre Konzentration verlieren, konzentrieren Sie sich einfach auf die das Ein- und Ausatmen begleitenden Worte. Überlassen Sie den Atemvorgang sich selbst. Falls Ihnen die Worte im Weg sind, konzentrieren Sie sich auf das Ein- und Ausatmen und vergessen Sie die Worte. – Entspannen Sie sich. Halten Sie den Rücken gerade. Vertrauen Sie darauf, dass Gott Sie unterweist.

DRITTE WOCHE

Der angeschlagene Becher

1 Der makellose Becher
2 Der Schatten des Bechers
3 Der Becher, der gespült werden muss
4 Der Becher des Erbarmens
5 Welcher Becher ist der beste?
6 Der Becher der Weisheit
7 Rückblick und Auswertung

Zum Thema der Woche

Die Sufis sagen, alle echte Wahrheit werde mit Liebe gesagt ... Können wir mit uns selbst in Güte umgehen? Bringen wir es fertig, mit uns selbst liebevoll und zärtlich zu sein, mit unserer Unbeholfenheit, mit unserer Schwerfälligkeit, uns zu ändern, mit unseren Gewohnheiten, mit unseren empfindsamen Herzen?

WAYNE MULLER

Meine Freundin PAT erzählte mir einmal von einer Schale, die ihr ihre Mutter vor längerer Zeit geschenkt hatte. Sie sei mit einem wunderschönen orientalischen Muster verziert und viele Jahre lang bei Familientreffen verwendet worden. Doch im Lauf der Zeit sei das Muster verblasst und durch den ständigen Gebrauch habe sie einen Riss bekommen und sei an einigen Stellen angeschlagen gewesen. PAT sagte mir, sie habe lange die Schale mit der „kaputten" Seite ganz hinten in ihren Geschirrschrank gestellt, damit man sie nicht so genau sehe. Jetzt aber mache sie es umgekehrt: Sie wende die verblasste, angeschlagene Seite der Schale dem Betrachter zu, damit alle sie sehen und die Spuren ihrer langen Geschichte betrachten könnten. Je älter sie selbst werde, desto mehr erkenne sie sich mit ihrem Leben in der Schale wieder. Sie sagte: „Sie ist wie ich. Auch ich habe vom Leben einige nachhaltige Spuren davongetragen."

Wir mussten beide lachen, als ich in ihr liebenswertes alterndes Gesicht schaute und mir kam, was sie schon alles durchgemacht hatte. Es stimmt: Das Leben, wenn man es wirklich lebt, hinterlässt an uns äußerlich wie innerlich seine Spuren. Die „makellosen Schalen" sind oft die, die nie dazu benutzt worden sind, anderen Freude zu machen, sondern immer sorgfältig in Glasvitrinen verschlossen blieben oder in Schränken verstaubten. Sie waren nie im wirklichen Leben im Einsatz und dienten nie wirklich anderen Menschen.

Mit dem Menschsein ergeben sich unvermeidlich Macken und Mängel. Wie PATS Schale oder eine unserer ständig benützten Kaffee- oder Teetassen haben auch wir unsere Abnutzungserscheinungen, Kratzer, Risse und angeschlagenen Stellen, infolge derer wir keine makellosen Gefäße des Lebens sind. Wir haben unsere körperlichen Unvollkommenheiten (ganz unabhängig von den Maßstäben unserer Kultur für vollkommenes Aussehen) und inneren Unzulänglichkeiten und geistigen Mängel. Viele Menschen möchten unbedingt Eigenschaften entwickeln, die sie bei anderen bewundern, und leiden all ihre Lebtage darunter, in manchen Bereichen ihres Lebens unzulänglich zu bleiben.

Lange meinte auch ich: „Wenn ich das und das loswerde, was ich an mir selbst nicht mag, dann läuft mein Leben viel leichter. Ich werde mich wesentlich besser fühlen. Die anderen werden mich viel mehr mögen." Darin steckt zwar ein Körnchen Wahrheit, aber auch eine ganz falsche Annahme: Ich kann noch so „gut" sein, mein Leben wird nicht immer so glatt laufen, wie ich es gern hätte; es wird immer einige Mängel haben. Ich werde mich auf keinen Fall immer wunderbar fühlen; und wäre ich noch so „vollkommen", werden mich doch nie alle Menschen gleichermaßen mögen.

Inzwischen denke ich über meine Mängel ganz anders. Ich sehe, dass das voll entfaltete Menschsein etwas sehr Paradoxes ist und bleibt. Worauf es ankommt, ist, dass man immer mehr zu einem Menschen reift, der den Werten nahe kommt, die Jesus verkörpert. Zugleich sind meine Mängel einige meiner größten Schätze. Sie sind wie diese Sandkörner in den Austern, die sie kratzen und stören müssen, damit daraus Perlen werden. Meine Unvollkommenheiten halten mein Ego in Schach. Sie erinnern mich jeden Tag neu daran, wie sehr ich auf die Gnade Gottes angewiesen bin. Sie helfen mir, mehr Verständnis und Mitgefühl für die Unzulänglichkeiten anderer aufzubringen. Sie bieten mir zudem die Gelegenheit, weiter zu reifen und mich zu verändern. Oft sind es gerade meine Unzulänglichkeiten, die meinem Leben seine ganz eigene Würze verleihen.

Wenn ich mich auf diese Weise selbst annehme, muss das nicht heißen, dass ich mein Verhalten und Tun entschuldige, sofern es vorsätzlich mir oder anderen schadet. Ich muss durchaus von diesen Makeln gereinigt werden. Wird der Becher nie gespült, hat er schließlich dicke Schmutzränder. Ich muss „sauber werden" wie der Becher, damit ich in meiner vollen Schönheit glänze.

Die Annahme seines durchaus nicht vollkommenen Selbst stellt eine der großen Hürden dar, die es auf dem Weg zur spirituellen Reife zu nehmen gilt. Wie es ganz wesentlich ist, immer mehr in der Liebe zu anderen zu wachsen, ist es wichtig, dass man sich selbst schätzt und annimmt als den Menschen, der man nun einmal ist. So geht es in der kommenden Woche nicht darum, uns selbst wegen unserer Mängel zu kritisieren, sondern wir wollen diese Mängel anschauen und zusehen, was sie uns über unser Verhältnis zu Gott und zu anderen Menschen sagen können.

Es ist an der Zeit,
meine Mängel zu sehen
und nicht länger
mich daran zu reiben.

Es ist an der Zeit,
meinen Wahn,
vollkommen zu werden,
fallen zu lassen
und ja zu sagen
zu meinen Macken.

Es ist an der Zeit,
mich einzustellen
auf langsames Reifen,
dessen Zeitmaß Gott bestimmt,
der sich nicht beeindrucken lässt
von meinem ungeduldigen Drängen.

Es ist an der Zeit,
mich als den Menschen anzunehmen,
der ich bin,
und Sympathie zu entwickeln
für mich
in meiner Unvollkommenheit.

Es ist an der Zeit,
Unerwünschtes zu begrüßen,
Unerwartetes willkommen zu heißen,
Unerfülltes zu schätzen.

Wollte ich warten,
bis ich vollkommen bin,
und erst dann mich lieben,
bliebe ich immer
unzufrieden
und undankbar.

Wollte ich makellos sein,
ohne Mängel, Macken und Risse,
hätte ich nie leben dürfen,
sondern ein Schmuckstück
im Schrank bleiben müssen,
das im Regal steht,
zu kostbar,
um je verwendet zu werden.

JOYCE RUPP

Erster Tag

Der makellose Becher

Der Perfektionismus ist die Stimme des Unterdrückers,
des Feindes des Volkes. Er lässt dich dein ganzes Leben
lang verkrampft und ungesund bleiben.

ANNE LAMOTT

Ich hatte einen Geistlichen bei seinen Besinnungstagen begleitet
und die Tage hatten sich nachhaltig auf ihn ausgewirkt. Langsam
war er mit sich als der, der er war, klargekommen: als Mensch
voller Stärken und Schwächen, den Gott so, wie er war, liebte. Als
unsere gemeinsame Zeit zu Ende ging, beschloss ich, ihm zur Erinnerung an die Tage des Geleert- und Gefülltwerdens dieser Einkehrzeit einen Becher zu schenken.

Im Geschenkladen fiel mir besonders eine große weiße Tasse mit
vielen roten Herzen darauf ins Auge. Als ich sie in die Hand nahm,
sah ich, dass sie am Griff leicht angeschlagen war. Spontan kam
mir: „Ach, wie schade – sie hätte genau für ihn gepasst." Ich stellte
sie wieder hin, aber dann ging mir plötzlich auf: Mit der Macke
passte sie sogar noch besser zu ihm. Denn zum Schluss hatte er
angefangen, sich von seiner Vorstellung zu lösen, er müsse erst
vollkommen werden, bevor Gott ihn wirklich lieben werde. Die
wunderschöne Tasse, die leicht angeschlagen war, konnte ihn jeden Tag an seine neue Erkenntnis erinnern.

Die Exegeten weisen darauf hin, dass das Schriftwort „Seid vollkommen, wie euer himmlischer Vater vollkommen ist" ungenau
übersetzt ist. Eigentlich muss es heißen: „Seid ganz, wie Gott ganz
ist." Zur Ganzheit gehört ein Prozess, ein allmähliches Zusammen-
wachsen zu einer Einheit, bei der alle Einzelteile integriert werden,
was aber nicht unbedingt zu etwas makellos Vollkommenem

führen muss. Der Weg zur Ganzheit oder Heiligkeit dauert ein Leben lang, mit vielen Hochs und Tiefs. Er gelingt nicht ohne die Hilfe Gottes, ohne seine Führung und auch nicht ohne das Zusammenspiel unseres Lebens mit anderen Menschen.

Wenn man sich vorwiegend auf seine Fehler und Mängel konzentriert, neigt man dazu, den größten Teil seiner Energie dafür zu verbrauchen. LOUISE L. HAY meint dazu: „Wir müssen unbedingt aufhören, ständig an uns selbst herumzukritisieren, denn das Kritisieren hilft nichts – es führt nur dazu, dass wir in unseren Problemen stecken bleiben" *(You Can Heal Your Life – Du kannst dein Leben heilen).*

Verfallen wir in ständige Selbstkritik, verzerren sich unsere Maßstäbe und wir vergessen unsere guten Seiten. Außerdem verlieren wir dann die Tatsache aus dem Auge, dass es Gott ist, der unser Wachsen bewirkt. Setzen wir uns zum Ziel, „vollkommen zu sein", kreisen wir ständig um unsere Fehler und Mängel und kommen gar nicht mehr dazu, andere zu lieben und unsere Gaben mit ihnen zu teilen. Stattdessen lassen wir uns von unserem Wunsch nach Vollkommenheit unterdrücken und in die Knechtschaft der dauernden Beschäftigung mit uns selbst werfen. Man konzentriert sich dann auf sein Ich und setzt alles daran, „alles möglichst vollkommen zu machen".

Finden Sie heraus, was Sie an sich und anderen annehmen und was Sie ablehnen. Werden Sie sich Ihrer Erwartungen bewusst. In welchem Maß beeinflusst der Wunsch, „vollkommen zu sein", Ihre Einstellung und Ihr Tun?

Atemgebet

Einatmen: Gott liebt mich ...
Ausatmen: ... wie ich bin.

Zur Meditation

Halten Sie Ihren Becher in beiden Händen ...
Schauen Sie ihn ganz genau an ...
Prüfen Sie, ob er irgendwelche Mängel oder Unvollkommenheiten hat ...
Freuen Sie sich an dem Becher, wie er ist: mit seiner Farbe, Form, Größe usw. ...
Schließen Sie die Augen ...
Stellen Sie sich vor, Gott hält Sie in seinen Händen ...
Sehen Sie, wie er Sie genau anschaut, innen und außen ...
Er sieht Ihre Mängel und Fehler ...
Stellen Sie sich vor, wie er lächelt und seine Freude daran hat, dass Sie so sind, wie Sie sind ...

Schriftwort

Psalm 139
„Denn du hast mein Inneres geschaffen,
mich gewoben im Schoß meiner Mutter.
Ich danke dir, dass du mich so wunderbar gestaltet hast.
Staunenswert sind deine Werke" (139,13f).

Für das Tagebuch

Erstellen Sie eine Liste Ihrer Erwartungen (1) an sich selbst und (2) an andere.
Schreiben Sie ein Gespräch zwischen Gott und dem Teil Ihrer selbst, den anzunehmen Sie sich besonders schwer tun.
Guter Gott, wenn ich mir vorstelle, dass du über mich lächelst und dich darüber freust, dass ich so bin, wie ich bin, dann ...

Gebet

Guter Gott, du erschaffst nie etwas, das nichts taugt. Mich hast du als Menschenwesen erschaffen, dessen Lebensweg dazu dient, mich zur Ganzheit zu führen. Dieser Weg bedarf des Raums zum Wachsen und der Weite, immer Neues zu entdecken. Jeder Tag bietet mir neu die Möglichkeit, deine Hilfe und Liebe zu empfangen und so allmählich zu dem Menschen zu werden, als der ich gedacht bin. Hilf mir, mich selbst richtig zu lieben und mein Weiterwachsen deiner Führung anzuvertrauen. Erinnere mich oft daran, dass du mich „wunderbar gestaltet hast" (Ps 139,14).

Übung während des Tages

Ich will mich selbst und andere
heute nicht kritisieren
und keine Fehler suchen.

Zweiter Tag

Der Schatten des Bechers

Wenn man sich mit seinem Schatten anfreundet, tut man sich leichter damit, sich selbst als ein durchaus nicht vollkommenes Menschenwesen anzunehmen. Wir haben eine dunkle Seite; wir sind nicht ganz und gar Licht.

WILLIAM A. MILLER

Was immer im Licht steht, wirft einen Schatten. So gut wie jeder kennt irgendeine Version der Geschichte von dem Menschen, der vor seinem Schatten davonlaufen wollte und es einfach nicht schaffte. Die Parallele zu unserem inneren Leben ist offenkundig. Man entdeckt Teile seiner Persönlichkeit, die unerwünscht sind und von denen man hofft, dass man ihnen auf irgendeine Weise entkommen und sie loswerden kann.

Der bekannte Schweizer Psychoanalytiker C.G. JUNG beschrieb die „Schatten" als all das in unserer inneren Welt, was wir nicht kennen oder zwar kennen, aber anzunehmen uns weigern. Es handelt sich um den Teil unserer Psyche oder unseres Selbst, der im Finstern ist. Der Schatten kann zur positiven Qualität werden. Er kann sich bei einer Frau, die nie geglaubt hatte, etwas wert zu sein, schließlich als gesundes Selbstwertgefühl äußern. Oder bei einem Mann, der gemeint hatte, immer in irgendeiner Form zum Schwindeln gezwungen zu sein, als Fähigkeit zur Aufrichtigkeit. Oder bei jemandem, der zum Kreisen um sich selbst neigt, als tiefes Einfühlungsvermögen in andere.

Beim Schatten kann es sich auch um negative Charaktereigenschaften handeln, von denen man nicht glauben kann, dass sie im eigenen Ich vorhanden sind, wie Sturheit, Habgier, Eifersucht, sexuelle Begierde, Hass oder Selbstmitleid.

Die negativen Züge unseres Schattens als solche sind genauso wenig sündhaft wie unsere Mängel an sich. All das wird erst dann sündhaft, wenn man es vorsätzlich zur Quelle des Schadens für sich selbst oder andere macht. Unsere Mängel sind vielleicht einfach der Teil von uns, der ständig unerwartet in unserem Leben auftauchen kann und sich durch nichts zügeln lässt. Er verhält sich ganz eigenwillig, bewirkt Unbehagen und erinnert uns an unsere Unvollkommenheit. Wer zur Ganzheit weiterwachsen will, muss seinen Schatten kennen und so weit wie möglich zu ihm stehen.

WILLIAM A. MILLER weist in seinem Buch *Make Friends With Your Shadow* („Schließ Freundschaft mit deinem Schatten") darauf hin, dass Jesus in besonders hohem Maß dazu anleitete, die Schattenseite des eigenen Charakters kennen zu lernen. Die weisen und einsichtsvollen Lehren Jesu ergäben sich aus einem „Verständnis von Ganzheit", zu der auch die bekannten und die unbekannten oder unerwünschten Teile unseres Charakters gehörten. Jesus habe die Wahrheit gefördert. Er habe oft andere dazu gedrängt, tiefer zu schauen und ihre wahre Identität zu erkennen.

Was möchte aus Ihrem Schattenbereich hervorkommen, um Ihnen zu größerer Ganzheit zu verhelfen? Gibt es irgendwelche Teile Ihres Charakters, die Sie nicht akzeptieren? Wie können Sie sich mit ihnen anfreunden, um von ihnen etwas Wichtiges über Ihr Leben zu lernen?

Atemgebet

Einatmen: Unter deinem Blick ...
Ausatmen: ... möchte ich wachsen.

Zur Meditation

Stellen Sie Ihren Becher an eine Stelle, wo er einen Schatten wirft, eventuell durch das Licht einer Kerze oder einer Lampe ...
Schauen Sie lange auf den Becher und seinen Schatten ...
Lassen Sie sich von dem, was Sie sehen, etwas über Ihr Leben sagen ...
Legen Sie eine Hand in den Schatten des Bechers ...
Bitten Sie Gott, sich mit Ihren unbekannten Zonen anfreunden und von diesen Seiten Ihrer selbst etwas lernen zu können ...

Schriftwort

MATTHÄUS 7,1–5
„Wie kannst du zu deinem Bruder sagen: Lass mich den Splitter aus deinem Auge herausziehen! – und dabei steckt in deinem Auge ein Balken" (7,4)?

Für das Tagebuch

Schreiben Sie an eine Eigenschaft Ihrer selbst, die Sie lieber nicht hätten, einen Brief oder verfassen Sie ein Gespräch mit ihr.
Wenn Sie über den Begriff des „Schattens" genauer nachdenken, welche Gedanken oder Gefühle kommen Ihnen dabei vor allem?
Gott, der du mich bedingungslos liebst ...

Gebet

Führer und Gefährte meines Lebens,
geleite mich an die verborgenen Stellen meines Schattens,
wo Eigenschaften meiner selbst zu finden sind, die ich mag oder auch überhaupt nicht mag.

Gib mir den Mut, meinen inneren Feinden ins Auge zu blicken.
Hilf mir, von ihnen zu lernen.

Schenk mir das Licht, die unentwickelten Seiten in mir zu erkennen, die sich in meinem Leben noch entfalten möchten.

Lass mich alles Gute, gegen das ich mich bislang noch gesperrt hatte, als Teil meiner selbst annehmen.

Hilf mir, in Liebe mich selbst als den Menschen, der ich bin, anzunehmen.

Übung während des Tages

Wenn ich die Schatten von Gegenständen sehe, will ich immer wieder einmal Gott bitten, mir zu helfen, meinen inneren Schatten zu erkennen und anzunehmen.

Dritter Tag

Der Becher, der gespült werden muss

Du verfügst über viele verschiedene Naturen. Du bist licht und dunkel, liebenswürdig und gemein, inkonsequent und berechenbar. Vollkommen wirst du nie sein. Aber du kannst besser werden als jetzt. Versuch's. Um deinetwillen.

NANCY WOOD

Als ein Kollege eines Tages bei mir im Büro vorbeischaute, ging er beim Hereinkommen an meinem Tisch vorbei, warf einen Blick in meine leere Kaffeetasse und meinte lachend: „Mensch, ist die schmutzig!" Mich verblüffte diese Bemerkung. Später sah ich mir die Tasse genauer an, und tatsächlich war sie ganz verfärbt und hatte dunkle Ränder. Ich konnte mich nicht entsinnen, wann ich sie zum letzten Mal wirklich gründlich gereinigt hatte. So bearbeitete ich sie abends mit etwas Scheuerpulver und war überrascht, wie blitzblank sie dank ein wenig Aufmerksamkeit wurde.

Ich weiß, dass ich genau wie meine Kaffeetasse regelmäßig von inneren Schmutzrändern gesäubert werden muss, die mein Leben als liebenswürdiger Mensch beeinträchtigen. Wenn ich nicht in einem tieferen Sinn auf der Hut bin, kann mein Leben allzu leicht einen Schleier bekommen, farblos werden und vom tagtäglichen Gebrauch Schmutzflecken behalten. Dieser Schmutz kann aus alten Denkmustern oder ungezügelten Emotionen bestehen, die mich oder andere verletzen, oder aus ungesunden Einstellungen, die mein Leben auslaugen, statt es zu nähren, oder aus irgendetwas anderem, das mir oder meiner Umgebung schadet. Ein „Schmutz", der sich bei mir ständig ansammelt, ist das Kreisen um mich selbst. Ich muss ständig diese Ichbezogenheit aus meinem

Herzen ausräumen, damit es von mehr Achtsamkeit auf andere erfüllt werden kann.

Einer der Widersprüche hinsichtlich innerer Verschmutzung besteht darin, dass man sich um die Schmutzflecken kümmern und sie beseitigen, zugleich aber weiterhin sich selbst voll und ganz lieben sollte. Wenn ich selbst dauernd an mir herummäkele, mich zwinge und selbst schlecht mache, kommt kaum eine Veränderung zustande. Was den Wunsch zur Veränderung weckt und stärkt, ist vielmehr das Wissen, dass ich zu viel größerer Qualität fähig bin. Ich habe selbst die Erfahrung gemacht, dass ich, je mehr ich davon überzeugt bin, dass in mir noch ungemein viel Gutes steckt, umso lebhafter den Wunsch verspüre, ein noch liebenswürdigerer und ganzheitlicher Mensch zu werden.

Ein weiterer Widerspruch ist der, dass es Flecken gibt, die sich beseitigen lassen, und andere, die mir mein Leben lang bleiben. Ich bete um das richtige Unterscheidungsvermögen, hinsichtlich welcher Flecken ich energischer durchgreifen sollte und welche einfach zu meinem persönlichen Charakter gehören.

So möchte ich Sie einladen, ebenfalls um die Einsicht zu beten, was in Ihnen der Reinigung bedarf. Bitten Sie um die Anleitung, wie Sie Ihre Flecken beseitigen können. Warten Sie geduldig und akzeptieren Sie dann die Mittel, die sich in Ihrem Leben als Scheuermittel einstellen: Unterbrechungen, Herausforderungen, Anreize zur Liebe, neue Ideen oder unvorhergesehene Ausrutscher, die Ihr ansonsten sauber durchgeplantes Leben durchkreuzen.

Atemgebet

Einatmen: Erschaffe mir ...
Ausatmen: ... ein reines Herz.

Zur Meditation

Setzen Sie sich mit Ihrem Becher in den Händen hin ...
Schauen Sie genau, ob Ihr Becher Flecken oder Ränder hat ...
Bitten Sie Gott, einen Ihrer inneren „Flecken" deutlich sehen zu
können ...
Seien Sie still und warten Sie, bis sich die Achtsamkeit für einen
von ihnen einstellt ...
Ganz gleich, ob Ihre Tasse Schmutz aufweist oder nicht, gehen Sie
ans Spülbecken ...
Spülen Sie Ihre Tasse andächtig mit Spülmittel und Wasser ...
Während Sie das tun, beten Sie darum, Ihre Gedanken mögen von
dem gespült werden, was sie befleckt ...

Schriftwort

PSALM 51; MATTHÄUS 23,36
„Erschaffe mir, Gott, ein reines Herz,
und gib mir einen neuen, beständigen Geist" (Ps 51,12).
„Mach den Becher zuerst innen sauber,
dann ist er auch außen rein" (Mt 23,26).

Für das Tagebuch

Wenn ich über mein Leben nachdenke, kommt mir, dass ich mich
regelmäßig von Folgendem reinigen muss: ...
Beim Gedanken an meine nicht entfernbaren Flecken empfinde
ich ...
Mein Gott, ich danke dir, dass du ...

Gebet

Erschaffe mir ein reines Herz, o Gott. Hilf mir, auf meine innere Welt genau zu achten. Lass mich die Schönheit und das Staunenswerte an mir erkennen. Gib mir auch den Blick für alles, was geläutert und gereinigt werden muss. Wasche meine lieblosen Seiten ab und ziehe mich immer mehr mit deiner Liebe an.

Übung während des Tages

Ich will, wenn ich dusche, wenn ich mir die Hände wasche, Geschirr spüle usw., bewusst daran denken, dass ich auch der spirituellen Reinigung bedarf.

Vierter Tag

Der Becher des Erbarmens

Das Gespräch mit Gott, das mit dem Eingeständnis des
eigenen Versagens beginnt, muss nicht deprimierend
sein; es wirkt vielmehr befreiend. Man ist dann endlich, vielleicht zum ersten Mal, wahrhaftig mit sich
selbst; und man ist dem Einen gegenüber ehrlich, dem
man nichts vormachen kann.
EMILIE GRIFFIN

Es gehört zu unserer angeschlagenen Verfassung als Menschen,
dass wir gelegentlich versagen. BEATRICE BRUTEAU schreibt: „Das
Fallen ist ein Teil des Wegs" *(The Easter Mysteries – Die öster-
lichen Geheimnisse).* Die Wörterbücher umschreiben „versagen"
mit einer ganzen Reihe von Ausdrücken: einer Pflicht, Schuldig-
keit oder Erwartung nicht nachkommen; ein erwünschtes Ziel
nicht mit Erfolg erreichen; unzulänglich sein; hinter dem zurück-
bleiben, was man erreichen wollte; eine Prüfung nicht bestehen;
vergesslich, achtlos oder nachlässig sein.

Ich musste feststellen, dass ich mir noch so große Mühe geben
kann und trotzdem immer wieder einmal versage. Immer noch
mache ich Fehler, treffe falsche Entscheidungen, fasse überstürzte
Entschlüsse und gebe ungeschickte Kommentare ab. Gelegentlich
ist etwas davon absichtlich und ein anderes Mal „verpfusche" ich
etwas wider meinen Willen. Mein Versagen hat das Gute an sich,
dass es mich in eine größere Wahrheit hineinführt, sofern ich nicht
in Entmutigung oder Selbstherabsetzung verfalle.

Wenn Sie genau darauf achten, welche Art Menschen Jesus zu
sich berief, werden Sie feststellen, dass es solche waren, die versagt hatten oder angeschlagen waren. Diese ganz gewöhnlichen

Menschen waren die, die Jesus unterweisen und zu größerer Ganzheit führen wollte. Jesus gab sich selten mit solchen ab, die davon überzeugt waren, sie führten ein makelloses Leben. Im Gegenteil: Gerade diese Art selbstgerechter Leute (die Schriftgelehrten und Pharisäer) tadelte er besonders scharf.

Gott kommt zu uns aus der Mitte unseres schwachen Menschseins heraus. Wir würden erwarten, dass dieses Menschsein weniger verletzt, weniger verkorkst und geradliniger wäre, und hoffen immer darauf, unser Leben werde eine Art „Reinheit" erlangen; aber Gott kommt uns auf dem Weg entgegen, auf dem er schon immer die Menschen angesprochen hat: auf dem Weg über unser ganz gewöhnliches Leben mit all seinen Mängeln.

Ganz unabhängig von den Ursachen für unser Versagen geht es darum, schließlich so weit zu kommen, dass wir uns selbst unser Versagen verzeihen und auch Gott um Verzeihung bitten sowie andere, falls wir ihnen geschadet haben. Und schließlich wenden wir uns vertrauensvoll dem Einen zu, der uns bereitwillig und unermüdlich den Becher des Erbarmens reicht. Die Heilige Schrift bringt es sehr deutlich zum Ausdruck, dass Gott uns immer bereitwillig annimmt, selbst wenn wir uns für die größten Versager der Welt halten.

So betrachten Sie heute Ihr angeschlagenes Leben und lassen Sie Gott in dieses Leben hinein.

Die heutigen Übungen

Atemgebet

Einatmen: Dein Erbarmen trägt mich ...
Ausatmen: ... deine Liebe hält mich.

Zur Meditation

Erinnern Sie sich deutlich an eine Situation des Versagens in Ihrem Leben ...

Schreiben Sie für dieses Versagen ein Wort auf einen kleinen Zettel...
Legen Sie diesen Zettel in Ihren Becher als Symbol Ihres Selbst ...
Halten Sie den Becher in beiden Händen ...
Achten Sie genau auf alle Ihre Empfindungen, die Ihnen kommen, wenn Sie so Ihr Versagen in der Hand halten ...
Sprechen Sie mit Gott über Ihre Gedanken und Gefühle ...
Bitten Sie Gott um sein Verständnis und seine Vergebung ...
Hören Sie still auf Gottes Antwort ...
Nehmen Sie dann den Zettel heraus und zerreißen Sie ihn zum Zeichen dafür, dass Sie dieses Versagen loslassen.

Schriftwort

PSALM 25
„Denk an dein Erbarmen ...
und an die Taten deiner Huld,
denn sie bestehen seit Ewigkeit" (25,6).

Für das Tagebuch

Ein Versagen, das ich mir noch vergeben muss, ist ...
Was denken und empfinden Sie über Ihre Situationen des Versagens? Haben Sie sich ihretwegen geändert? Wenn ja, inwiefern?
Gott des Erbarmens, ...

Gebet

Du Quell des Erbarmens, du heißt mich bei dir daheim willkommen.
Du verstehst meine menschlichen Versager.
Du nimmst mich samt allen meinen Mängeln mit offenen Armen auf.
Du hilfst mir, trotz allen Versagens und aller Niederlagen weiterzukommen. Wie groß ist deine Güte zu mir!

Übung während des Tages

Heute will ich mich selbst mindestens einmal
voller Sympathie ganz bejahen.

Fünfter Tag

Welcher Becher ist der beste?

Im Innern des Großen Geheimnisses des Seins
gehört uns nichts wirklich selbst.
Warum also diese Sucht nach Besitz,
ehe wir, einer um den andern,
durchs selbe Tor schreiten?

RUMI

Ich habe sie noch deutlich vor Augen. Sie hieß SHIRLEY KOLMER, ein amerikanisches Mitglied der Ordensgemeinschaft vom Kostbaren Blut. Ich hatte sie in Liberia kennen gelernt, wo sie an einer örtlichen High School wirkte. SHIRLEY war eine dynamische Frau mit weißem Haar. Wenn sie lächelte, sah man deutlich die Lücke zwischen ihren oberen Schneidezähnen. In den USA wären die meisten gleich zum Zahnarzt gegangen, um sich eine Prothese einsetzen zu lassen. In Liberia ist das anders. In dieser Kultur gilt eine Lücke in den Vorderzähnen als Zeichen großer Schönheit. Als ich das erfuhr, musste ich denken, wie leicht wir uns doch von unseren kulturbedingten Erwartungen zum Urteil darüber verführen lassen, was akzeptabel ist und was nicht.

Genau das aber sehe und höre ich unablässig: ständiges Vergleichen und Rivalisieren auf Grund dessen, was uns unsere Kultur als gut aussehend, attraktiv, wünschenswert usw. vorgibt. Schließlich lehnen die Menschen sich selbst oder andere ab, weil sie nicht all den Ansprüchen und Standards entsprechen, die als „korrekt" gelten. Dabei geht unser Wettbewerb nicht nur um äußeres Aussehen; es gibt ihn auch auf dem Feld spirituellen Reifens, wo man vergleicht und wertet, wer es am weitesten bringt. Menschen beneiden einander um ihre „Heiligkeit" oder ihre Fähigkeit zum Beten, statt es zu schätzen, wie Gott auf einmalige Weise in ihrem eigenen Leben wirkt. Es fällt sehr schwer, wirklich wir selbst zu sein und uns nicht von den Erwartungen anderer bestimmen oder ummodeln zu lassen. Wir sollen nicht wie alle anderen werden, obwohl wir ständig dieser Erwartung ausgesetzt sind. Genau dieses Klima gibt uns auch das Gefühl, etwas stimme mit uns nicht – wir seien mit einem Mangel behaftet –, falls wir nicht bestimmten Ansprüchen genügen. Wahrscheinlich aus diesem Grund beneiden so viele Menschen andere um ihren Körper, ihre Intelligenz, bestimmte Charakterzüge oder Talente. Wir neigen dazu, ständig über uns selbst und andere zu Gericht zu sitzen. Das ist für das spirituelle Leben sehr gefährlich. Louise Hart warnt in ihrem Buch *On the Wings of Self Esteem (Auf den Schwingen der eigenen Wertschätzung)*: „Das ständige Vergleichen treibt uns in einen ungesunden Wettbewerb. Es wirft zwischen den Menschen Gräben auf, führt zu Abtrennungen und erzwingt Konformität." Wenn wir uns ständig mit anderen vergleichen, können wir schließlich so weit kommen, dass wir uns selbst ablehnen – uns nicht mehr als ein von Gott geliebtes Geschöpf sehen – und den Traum anderer im Kopf haben statt unseren eigenen.

Danken Sie heute Gott für alles, was Sie sind und haben. Hören Sie nicht auf die falschen Stimmen gesellschaftlicher Maximen.

Die heutigen Übungen

Atemgebet

Einatmen: Ich bin *(mein Name)* ...
Ausatmen: ... und sage dir Dank dafür.

Zur Meditation

Nehmen Sie einen zweiten Becher und stellen Sie ihn neben Ihren eigenen ...

Sitzen Sie still da und betrachten Sie die beiden Becher ...
Freuen Sie sich über die Einmaligkeit jeder dieser Becher ...
Denken Sie über Ihre eigene Einmaligkeit nach ...
Stellen Sie sich sich selbst mit anderen zusammen vor ...
Tragen Sie jedes Sich-Vergleichen mit anderen vor Gott ...
Hören Sie auf Gottes Botschaft für Sie ...
Danken Sie ihm dafür, wer und wie Sie sind ...

Schriftwort

RÖMER 9,19–26

„Wer bist du denn, dass du als Mensch mit Gott rechten willst?
Sagt etwa das Werk zu dem, der es geschaffen hat: Warum hast du
mich so gemacht? Ist nicht vielmehr der Töpfer Herr über den Ton?
Kann er nicht aus derselben Masse ein Gefäß herstellen für Reines,
ein anderes für Unreines" (9,20f)?

Für das Tagebuch

Ich gerate in die Falle des Wettbewerbs und Vergleichens, wenn
ich ...
Wenn ich über meine eigenen Einmaligkeit nachdenke, dann ...
Gütiger Schöpfer, ...

Gebet

Gott, wenn ich sehnsüchtig auf die Gaben anderer schaue und darüber vergesse oder verkenne, was du mir geschenkt hast, dann hol
mich daraus zurück und hilf mir, mich selbst so anzunehmen, wie
ich bin. Hilf mir, mich nicht ständig mit anderen zu vergleichen,
sondern mich selbst um meines ganz eigenen Charakters willen zu
schätzen. Und wenn ich wieder in Neid, Eifersucht, Reden über andere oder Ablehnung meiner selbst oder anderer verfalle, dann hol
mich zu dir zurück und lass mich deutlich erkennen, wie sehr du
jeden von uns in seiner Einmaligkeit liebst.

Übung während des Tages

Ich versuche heute, möglichst ganz darauf zu verzichten,
andere zu beneiden oder als Rivalen zu betrachten.

Sechster Tag

Der Becher der Weisheit

Sie (die Heilige Weisheit) gab den Heiligen den Lohn
ihrer Mühen und geleitete sie auf wunderbarem Weg.
Sie wurde ihnen am Tag zum Schutz und in der Nacht
zum Sternenlicht.

WEISHEIT 10,17

Während der letzten fünf Tage haben wir vor allem unser alles
andere als vollkommenes Leben betrachtet, und ich habe wiederholt darauf hingewiesen, dass wir der Führung bedürfen. Allzu
leicht führt man sich selbst an der Nase herum, wenn man sich
ganz allein auf den spirituellen Weg begibt. Weil wir Menschenwesen unsere Mängel haben, können wir auf Abwege geraten und
aus dem Blick verlieren, worauf wir uns eigentlich konzentrieren
sollten, und auf grandiose, selbst entworfene Selbstverbesserungs-
programme verfallen, die kaum noch etwas mit dem zu tun haben,
was Gott mit uns vorhat. Dann können wir uns völlig in den Versuch verrennen, jemand anderer als unser eigenes wahres Selbst zu
werden. Darüber vergessen wir dann womöglich, dass wir jederzeit
Zugang zu einem liebevollen Wesen haben, das uns mit großer
Zärtlichkeit zusieht und immer mit uns auf dem Weg ist.

So bedürfen wir also der Weisheit, um deutlich unterscheiden zu
können, wann wir unser unvollkommenes Wesen mit Erbarmen
annehmen und wann wir ihm einen sanften, aber wirksamen Schub
in die richtige Richtung geben sollten. Die Führung durch Gott ist
für uns eine Quelle der Weisheit, die uns erkennen hilft, wann wir
uns bejahen und wann wir uns Widerstand leisten sollten. Geführt
zu werden bedeutet, dass da jemand ist, der den Weg kennt, ein
Weiser, der bereitwillig mit uns geht. Geführtwerden schenkt uns

die Möglichkeit, auf jemanden zu hören, der über wesentlich mehr Weisheit verfügt als wir.

Uns führen zu lassen bedeutet, auf die innere Stimme in uns zu hören, die uns eng mit Gottes Wegen verbunden hält und unserem Leben seine Richtung gibt. Dabei ist es nicht so, dass Gott den Weg für uns schon im Voraus genau festgelegt hätte. Selten ist er klar, sichtbar und ganz genau definiert. Die göttliche Weisheit hilft uns vielmehr, Schritt für Schritt auf unserem Weg zu entdecken, wie wir mit unserer angeknacksten, mangelhaften Verfassung in unserer Umgebung immer mehr zu Menschen der Liebe werden können.

Menschen, die die Absicht verfolgten, Gottes Wege einzuschlagen, haben schon immer gespürt, dass sie auf ihrem spirituellen Pfad eine Führung brauchten. In vielen Psalmen wird Gott darum gebeten, den Weg zu zeigen. Einer der Namen für den uns führenden Gott ist in der Bibel derjenige der göttlichen Weisheit. Diese Weisheit führte das Volk Israel durch die Wüste seines Lebens, als es auf der Wanderschaft war und sich fragte, in welche Richtung es sich wenden sollte. Diese Weisheit gab dem Volk Schutz am Tag und Sternenlicht bei Nacht, damit es seinen Weg finden konnte.

Vertrauen Sie dieser wunderbaren Führung, die auch Ihnen gegeben ist. Bitten Sie um Führung und Anleitung, Ihren Weg zu gehen.

Die heutigen Übungen

Atemgebet

Einatmen: Schenk mir dein Licht ...
Ausatmen: ... und deine Wahrheit.

Zur Meditation

Halten Sie den Becher in beiden Händen ...
Machen Sie sich bewusst, dass Gott Sie in seinen weisen Händen hält ...

Zum Zeichen der umsichtigen Führung und Weisheit Gottes in Ihrem Leben halten Sie jetzt ganz langsam und achtsam Ihren Becher in alle vier Richtungen des Raumes ...
Nach jeder Wendung des Bechers beten Sie Psalm 43,3:
„Sende dein Licht und deine Wahrheit, damit sie mich leiten."

Schriftwort

PSALM 16
„Ich preise den Herrn, der mich beraten hat.
Auch mahnt mich mein Herz in der Nacht.
Ich habe den Herrn beständig vor Augen" (16,7f).

Für das Tagebuch

Im folgenden Bereich spüre ich am meisten, dass ich die Führung Gottes brauche: ...
Ich habe das Wirken der Göttlichen Weisheit gespürt, als ...
Weiser, guter Gott, ...

Gebet

Du Heilige Weisheit, in meiner angeschlagenen, unvollkommenen Verfassung mache ich mich auf den Weg.
Ich brauche dazu deine Führung und Leitung.
Hilf mir, die richtigen Entscheidungen zu treffen.
Lass mich spüren, dass du mich in deiner Güte begleitest.

Übung während des Tages

Heute will ich im Lauf des Tages wenigstens zweimal ausdrücklich die göttliche Weisheit bitten, mich auf meinem Weg zu leiten.

Siebter Tag

Rückblick und Auswertung

1 Gehen Sie noch einmal in Ruhe die vergangenen sechs Tage durch.

2 Unterstreichen Sie in Ihrem Tagebuch alles, was Sie mit seiner Wahrheit besonders anspricht, und verweilen Sie dabei noch einmal.

3 Schreiben Sie eine kurze Zusammenfassung dessen, was im Lauf dieser Woche in Ihnen vorgegangen ist. (Oder Sie könnten dies stattdessen auch in Farben, Ton, Tanz usw. zum Ausdruck bringen oder einen Becher zeichnen und seiner Größe und Gestalt, seinem Aussehen und Inhalt Form geben, sodass er symbolisch darstellt, was Sie während dieser Woche erfahren haben.)

Zusätzliche Anregung

Wie geht es Ihnen mit dem Tagebuchschreiben? Beachten Sie, dass Sie nicht immer alle drei Anregungen für das Tagebuchschreiben ausführen müssen. Wählen Sie sich jeweils die aus, die am besten Ihrer derzeitigen Verfassung entspricht.

Haben Sie auf jeden Fall mit sich selbst Nachsicht und Geduld und beurteilen Sie die Qualität Ihres Niedergeschriebenen nicht danach, ob es besonders inspirierend oder poetisch ist.

Beim Tagebuchschreiben geht es nicht darum, gut zu schreiben, sondern um das Ausformulieren und Verarbeiten dessen, was man im Gebet bedacht hat; man schreibt es auf, um sich später daran erinnern zu können und auch, um es klarer zu fassen.

Verfallen Sie nicht in die Vorstellung, Ihre Tagebuch-Aufzeichnungen seien wertlos oder unzulänglich, weil sie nicht Ihren Ansprüchen an „hohe Literatur" genügen!

Es geht einfach darum, achtsam zu sein und dem, was geschieht, Worte zu geben.

VIERTE WOCHE

Der zerbrochene Becher

Zum Thema der Woche

Ich bin geworden
wie ein zerbrochenes Gefäß.

Psalm 31,13

Während eines Besinnungstages in der Fastenzeit, den ich mit
dem Symbol des Bechers gestaltete, machte ich vormittags gerade
mit der Gruppe eine Kaffeepause. Da kam eine Frau Anfang fünf-
zig zu mir, die sich mühsam schwankend mit Hilfe einer Gehstütze
vorwärts bewegte, und ihr Kopf zitterte stark hin und her. Sie
sprach mich an und ich konnte sie kaum verstehen, indes sie mir
zu erzählen versuchte, dass sie infolge eines starken Asthma-An-
falls in ein Koma verfallen sei, von dem ihr eine starke Gehirn-
schädigung geblieben sei. Diese tapfere, angeschlagene Frau hatte
wieder ganz von vorn das Sprechen und Gehen gelernt.

Sie hatte sich mühsam nach vorn zu mir bewegt, um mir etwas
über ihren Becher zu sagen, den sie mitgebracht hatte. Was an diesem Tag stattfinde, sei ihr ganz unklar gewesen; sie habe nur ge-
wusst, dass sie einen Becher mitbringen solle. Diesen zeigte sie mir
dann. Der Griff war abgebrochen; übrig waren von ihm nur zwei
scharfkantige Ansätze. Ich musste tief Luft holen. Ein besseres
Symbol dafür, was dieser Frau erst unlängst zugestoßen war, hätte
es nicht geben können.

Die zerbrochene Tasse erinnert mich an die Zeiten, zu denen
Verletzungen, Wunden, Schmerzen und Widerwärtigkeiten aller
Art unser Leben beeinträchtigen und uns für immer verändern.
Während solcher Zeiten kann man nur noch versuchen zu überle-
ben, sich langsam zu erholen und wieder neu anzufangen. Oft fällt
es einem während dieser Zeit des Gebrochenseins sehr schwer,
etwas zu geben oder anzunehmen. Der Schmerz bricht einen wie
eine angeschlagene Tasse. Das kann sich anfühlen, als sei aus dem

eigenen Leben jegliche Hoffnung ausgelaufen. Wenn der Becher des eigenen Lebens in Stücke zerbrochen ist, muss man seine Scherben wieder langsam zusammenfügen. Zuweilen ist der Bruch nicht ganz so schlimm. Er ist vielleicht nur durch kleinere alltägliche Widerstände und Irritationen verursacht. Mein Leben mag als Bruchstück erscheinen, weil es voller Probleme ist, die kein Ende nehmen wollen, oder weil mich ständig physische Schmerzen, negative Stimmungen oder ungesunde Gewohnheiten plagen. Doch wie immer ein Leid beschaffen sein mag, es kann für mich zum Anlass spirituellen Reifens werden. Alles hängt davon ab, wie ich die Bruchstücke sehe, was ich aus ihnen mache.

Gebrochenes kann mich veranlassen, mich gewaltig zu verändern, mich anders, neu aufs Leben einzustellen. Ein achtsam angenommener Schmerz verfügt über die Kraft, mein Leben zu verwandeln.

MADELEINE L'ENGLE schreibt: „Wenn ich auf das Leben meiner Mutter zurückschaue, sehe ich, dass es durch ihre Leiden tiefer und stärker wurde. Bei manchen Menschen habe ich auch erlebt, dass ihre Leiden sie zerstörten. Der Schmerz ist nicht immer kreativ. Wenn man ihn nicht wirklich annimmt, kann er zu Alkoholismus, Verrücktwerden und Selbstmord führen. Aber dennoch: Ohne ihn werden wir nicht reifer" *(Walking On Water – Der Gang übers Wasser).*

Was würde geschehen, wenn ich all meinen Frustrationen, Schmerzen und Kümmernissen so begegnen würde, als seien sie Besucher, die mir etwas sagen wollen? Wie wäre es, wenn ich mich genauer mit meinem Gebrochensein befassen und es bitten würde, mir zum Reiferwerden zu verhelfen? Was könnte ich aus dem Bruchstückhaften meines Lebens er-lernen, das immer noch bedürftig und unvollkommen ist?

Die Übungen dieser Woche sollen Sie jeden Tag anregen, einen bestimmten Aspekt Ihrer Gebrochenheit genauer zu erwägen, also jene Seite Ihres Lebens, die Sie leer macht oder in Stücke zerfallen lässt. Es gilt zu entdecken, wie alles Gebrochene Sie zum Reiferwerden anleiten kann oder es schon – vielleicht noch unbemerkt –

getan hat. Außerdem mögen Sie in dieser Woche Trost finden, indem Sie sich dem Göttlichen als Ihrer Kraft und Ihrem Schutz nähern. Zudem steht an, Ihre Hoffnung zu stärken, indem Sie sich auf Aspekte des Heilwerdens besinnen.

Legen Sie in dieser Woche vor dem Beten Ihren Becher *immer seitlich vor sich hin, um sich vor Augen zu halten, wie es ist, wenn man mit Schmerzen ohnmächtig daliegt.* Lassen Sie die Tasse immer in dieser Stellung, bis bei den Anleitungen ein anderer Schritt folgt. Denken Sie dabei daran, dass die Hülse des Samenkorns aufgebrochen werden muss, damit der frische grüne Trieb herauskommen kann. Ich hoffe, dass so auch Ihre Achtsamkeit dafür wächst, welche Kraft zu persönlichem Reifen gerade in schwierigen Zeiten steckt.

Für diese Woche, in der Sie über Ihre eigenen Erfahrungen mit dem Gebrochensein nachdenken, möchte ich Ihnen noch die Worte von ANNE LAMOTT mit auf den Weg geben: „Die Hoffnung beginnt im Finstern, die hartnäckige Hoffnung, dass der Morgen anbrechen wird, wenn man einfach standhält und versucht, das Richtige zu tun. Es kommt darauf an zu warten, zu wachen und zu arbeiten und nicht aufzugeben.“

*Liebe gießt aus,
aber der zerbrochene Becher
kann nichts aufnehmen.*

*Er ist
zu enttäuscht,
zu beschämt,
zu verletzt,
zu ausgebrannt,
zu einsam,
zu enttäuscht.*

Liebe wartet und stärkt,
Liebe wartet und nährt,
Liebe wartet und heilt.

Liebe wartet,
bis sie aufgenommen wird.

Es kommt die Zeit,
da wird der Becher auf neue Weise ganz,
es kommt die Zeit,
da wird der Becher wieder genommen,
es kommt die Zeit,
da wird der Becher wieder gefüllt.

Es kommt die Zeit,
es kommt die Zeit.

JOYCE RUPP

Erster Tag

Freude und Trauer

> Meine hilfreichste Entdeckung war heute, dass mitten in der Trauer immer auch ein Platz für die Freude ist. Freude und Trauer sind Schwestern; sie wohnen im selben Haus.
>
> MACRINA WIEDERKEHR

Unlängst begleitete ich eine Zeit lang eine Frau, die monatelang in eine tiefe Depression abgesunken war, auf ihrem spirituellen Weg. Sie konnte nicht mehr richtig denken, verfügte über keinerlei Energie mehr und wurde ständig von negativen Gedanken über sich selbst befallen. Eines Tages fand sie genügend Kraft, auf ihr Leiden zu hören. Als sie das tat, vernahm sie in sich den Ruf, in ihrem Leben nicht alles so verbissen festhalten zu wollen. Dass man immer alles im Griff haben und sich stark zeigen sollte, war eine alte, von ihrer Familie ererbte Botschaft, der zu entsprechen sie sich jahrelang bemüht hatte. Ab dem Tag, an dem sie wirklich auf ihren Schmerz hörte, begann sie von den Bruchstücken ihres Bechers eine Lehre zu beziehen und fing an, sie wieder zusammenzufügen.

Sie begriff, dass das Leben nicht immer so läuft, wie man es sich wünscht, und dass es natürlicherweise wechselhafte Phasen kennt, ähnlich den jahreszeitlichen Phasen der Erde. Wie die Bäume in unterschiedlichen Jahreszeiten des Blühen und des Kahlwerdens leben, wie der Erdboden seine fruchtbaren und seine Brachzeiten kennt, so gibt es auch Jahreszeiten der Seele. Es gibt Winterzeiten, in denen sich der Geist leer vorkommt und das Leben fruchtlos zu sein scheint. Aber es gibt auch Sommerzeiten, in denen im Geist das Gefühl der Befriedigung und Freude vorherrscht.

Diese Frau entdeckte für sich selbst, dass die Jahreszeiten kommen und gehen, auch wenn sie sich noch so sehr anstrengte, immer nur Zeiten der Freude zu erleben. Aus ihrem Gefühl der Ohnmacht und Verletzlichkeit kam sie mit der Gelassenheit, der Weichheit in Berührung, dass es gar nicht darauf ankommt, jeden Aspekt ihres Lebens in den Griff zu bekommen. Und sie spürte, dass es großer Achtsamkeit bedarf, jene unerwünschten inneren Besucher zu durchschauen, statt auf sie zu hören und ihnen krampfhaft zu folgen.

Die so befriedete Aufmerksamkeit auf ihr Gebrochensein half ihr, das Leben als ständiges Auf und Ab von Frohem und Traurigem anzunehmen. Jetzt ist sie innerlich freier und in viel größerem Frieden. Sie erlebt immer noch mühsame Situationen, aber jetzt weiß sie, dass das zum Kreislauf auch ihres Lebens gehören darf und auch wieder vorübergehen wird. Freude und Trauer kann sie jetzt als Geschwister des inneren Wachstumsprozesses erleben. Sie begreift, dass beides etwas sehr Wichtiges in ihr Leben bringt.

Nehmen Sie sich heute etwas Zeit, um sich einmal die Geschichte Ihrer eigenen inneren Jahreszeiten anzusehen. Werden sie weit und weich, mit den freudvollen Phasen auch die schwierigen akzeptieren zu können und sie als Wesensbestandteil Ihres spirituellen Reifens zu sehen.

Die heutigen Übungen

Atemgebet

Einatmen: Freude und Trauer ...
Ausatmen: ... zwei Geschwister auf dem Weg.

Zur Meditation

Nehmen Sie Ihren Becher in die Hand und schauen Sie in ihn hinein ...

Stellen Sie sich lebhaft eine tiefe Freude vor, die Sie erlebt haben und mit der jetzt Ihr Becher gefüllt ist ...
Stellen Sie sich dann eine tiefe Trauer vor, die jetzt den Becher füllt ...
Lassen Sie beides darin. Sehen Sie zu, wie es sich zu einem vermischt ...
Halten Sie den Becher an Ihr Herz ...
Vollziehen Sie es als Geste der Bereitschaft, sowohl Freude wie Trauer anzunehmen als Teile Ihres Weges...

Schriftwort

JOHANNES 12,20–26; 16,25–33

„Amen, amen, ich sage euch: Wenn das Weizenkorn nicht in die Erde fällt und stirbt, bleibt es allein; wenn es aber stirbt, bringt es reiche Frucht" (2,24).

„Ihr werdet bekümmert sein, aber euer Kummer wird sich in Freude verwandeln" (16,20).

Für das Tagebuch

Fragen Sie Jesus: „Was hat dir in deinen schweren Stunden geholfen?"
Hören Sie hin. Schreiben Sie auf, was Sie als Antwort auf diese Frage vernehmen.
Freude und Trauer haben mir gezeigt, dass ...
Bei der Vorstellung, „auf meinen Schmerz zu hören", kommt mir ...

Gebet

Gott der Freude und der Trauer, hilf mir, die Erfahrungen meines Lebens weniger stark in „gute" und „schlechte" einzuteilen, sondern beide als Teil meines Reifungsprozesses annehmen zu können. Ich vertraue darauf, dass du mir als treuer Gefährte zur Seite stehst und mich in meinen schweren Zeiten stärken wirst. Hilf mir, durch alle Jahreszeiten meines Lebens immer weiter zu reifen.

Übung während des Tages

Ich will heute genau darauf achten,
was mir Freude und Trauer sagen wollen.

Zweiter Tag

Der Becher des Leidens

Könnt ihr den Becher trinken,
den ich trinken werde?
MATTHÄUS 20,22

Als die Mutter der Söhne des Zebedäus zu Jesus kam und ihn bat, er möge ihnen die vordersten Plätze in seinem Reich geben, nahm Jesus in seiner Antwort den Becher als Symbol, um von seinem Leiden und Sterben zu sprechen. Er sagte damit: „Wenn ihr euch entscheidet, zu mir zu halten, hat das seine Folgen. Wenn ihr in der Herrlichkeit bei mir sein wollt, müsst ihr auch im Leiden bei mir sein." Jesus meinte damit die Herausforderung und das Ringen, ein solches Leben der Liebe zu leben, wie er es tat. Er machte sie darauf aufmerksam, dass die Jüngerschaft keine leichte Sache ist.

Jede Wahl, jede Entscheidung und Handlung unseres Lebens bringen bestimmte Konsequenzen mit sich. Was wir denken, sagen und tun, wirkt sich immer auf alles in der Folge Geschehende aus. Lässt man sich zum Beispiel darauf ein, jemanden von Herzen zu lieben, so gehört dazu, auch bereit zu sein, mögliches Alleinsein und Schmerz zu erfahren. Man wird dann damit konfrontiert, nicht nur die Stärken, sondern auch die Schwächen des betreffenden Menschen anzunehmen, zu lieben. Damit verbunden ist das Risiko ungeheurer Trauer, denn der geliebte Mensch könnte vorzeitig sterben, mich eines Tages verlassen oder meine Liebe nicht erwidern.

Jedes Engagement hat seine unberechenbaren Folgen. Wer Kinder hat, weiß, was für ein kostbares Geschenk diese wunderbaren Wesen sind, aber auch, was für gewaltige Opfer sie einem abverlangen. Jeder Arzt kennt die Erfüllung, die es bringt, einen Patienten wieder gesund machen zu können; er weiß aber auch, dass dieser Beruf lange, intensive Arbeitsstunden kostet, die oft das eigene Familienleben beeinträchtigen. Oder ich selbst als Schriftstellerin genieße es, wenn sich mir wunderbar die Wörter zusammenfügen, aber ich muss mich auch auf die Mühsal des Schreibprozesses einlassen – muss lange einsame Stunden des Schreibens durchstehen, muss alles mühsam korrigieren und überarbeiten, Termine einhalten und mich der Kritik aussetzen.

Zu irgendeinem Zeitpunkt sieht sich jeder Mensch mit der von Jesus gestellten Frage konfrontiert. Vor dieser Frage sollte man nicht davonlaufen, denn sie enthält in sich den Keim des spirituellen Wachstums. Selbst Jesus fielen die Konsequenzen seiner Hingabe schwer. Im Garten Getsemani flehte er darum, der Becher des Leidens möge an ihm vorübergehen. Aber dennoch fand er die innere Kraft, zu dem ja zu sagen, was an Leid auf ihn zukam.

Wir können uns bezüglich jedes Aspekts unseres Lebens fragen: Bin ich bereit, den Schmerz zu akzeptieren, den mich mein Engagement vielleicht kosten wird? Bin ich bereit, mich großzügig auf etwas einzulassen, selbst wenn mir das schwere Stunden einbringt?

Die heutigen Übungen

Atemgebet

Einatmen: Gib mir Kraft ...
Ausatmen: ... und gib mir Mut.

Zur Meditation

Heben Sie den Becher seitlich gekippt vom Tisch ...
Halten Sie ihn in dieser Stellung in beiden Händen ...
Vergegenwärtigen Sie sich einige wichtige Entscheidungen und Engagements Ihres Lebens ...
Welche von ihnen haben Ihnen Schmerz eingebracht oder tun es noch ...?

Während Sie den Becher so halten, stellen Sie sich vor, Sie halten den Schmerz, der sich aus ihren Entscheidungen und Engagements ergeben hat ...
Setzen Sie sich den Strahlen dessen aus, der Sie liebt ...
Empfangen Sie die Kraft, die Sie brauchen, um die Konsequenzen Ihrer Entscheidungen zu tragen ...

Schriftwort

MARKUS 8,34–38
„Wer mein Jünger sein will, verleugne sich selbst, nehme sein Kreuz auf sich und folge mir nach" (8,34).

Für das Tagebuch

Aus meinen Lebensentscheidungen hat sich zum Beispiel die Freude ergeben, ...
Aus meinen Lebensentscheidungen hat sich zum Beispiel der Schmerz ergeben, ...
Wenn ich das Schriftwort lese, man solle sein Kreuz auf sich nehmen, dann ...

Gebet

Jesus, dein Leben war von Zeiten des Glücks und Zeiten schweren Ringens durchwoben. Lass mich erkennen, dass ich zusammen mit der Freude, dem Schönen und Erfreulichen auch die Trauer, den Schmerz und mühsames Ringen annehmen muss. Stärke mich und führe mich, wenn an mich der Anspruch ergeht, Kreuze wie Angst, Mühsal, Schmerz, Einsamkeit, Traurigkeit, Öde und Enttäuschung auf mich zu nehmen. Vertiefe meinen Wunsch, deiner Weisheit zu folgen.

Übung während des Tages

Jedes Mal, wenn ich etwas trinke,
will ich ja sagen zu den Konsequenzen
der Entscheidungen und Engagements
meines Lebens.

Dritter Tag

Mein Tränenbecher

Wie groß ist denn der Tränenbecher,
den ich austrinken muss, o Gott?
Wie viel ist denn genug?

ANN WEEMS

ANN WEEMS hat ihre „Klagepsalmen" *(Psalms of Lament)* unmittelbar aus ihrem Schmerz über den Tod ihres Sohnes heraus formuliert. Diese ehrlichen, aus dem Innersten kommenden klagenden, schmerzlichen Schreie sind von den Psalmen der hebräischen Bibel inspiriert. Sie führen mir vor Augen, wie Menschen, die vom Leid getroffen sind, zu allen Zeiten voller Not zu Gott geschrieen haben. Ihre Rufe waren voller Fragen, Bitten, Anklagen und Flehen. Sie beschworen Gott, bettelten ihn an, rechteten mit ihm.

Als ich einmal das Gefühl hatte, der Becher meines Lebens sei zerbrochen, ging ich viel zu behutsam mit Gott um. Erst jetzt geht mir auf, dass dies, nicht ehrlich genug mit Gott gewesen zu sein, meine Wut und Abneigung nur verstärkt haben. Es half überhaupt niemandem, dass ich meinen Schmerz in mich hineinfraß und zu verbergen suchte; das verstärkte nur mein Selbstmitleid und meinen Groll. Ich glaube nicht, dass Gott uns Leiden schickt. Das Leiden ergibt sich aus unserer Verfassung als Menschen und aus der Art, wie sich an uns der Wandlungsprozess mit seiner natürlichen Folge von Leben – Sterben – Leben vollzieht. Dennoch mildert diese Realität nicht meine heftige gefühlsmäßige Antwort als Mensch, wenn ich durch und durch vom Schmerz geschüttelt werde, noch tilgt es meine Hoffnung, dass Gott meinetwegen vielleicht doch ein Wunder wirkt.

Ich habe aus den jüdischen Psalmen viel darüber gelernt, wie man beten kann, wenn einem das Leben zusetzt. Der Psalmist schreit zu Gott, macht ihm Vorwürfe und beklagt sich leidenschaftlich bei ihm. Er wirft ihm die Frage an den Kopf, warum er sich nicht anders verhalte. Kommt dann der schmerzliche emotionale Ausbruch zur Ruhe, folgt ein genauso wertvoller Teil des Gebets. Der Psalmist schließt mit Worten des Vertrauens und der Hoffnung auf Gott und rafft sich zur Zuversicht auf, dass doch noch alles gut werde. Dieser Gebetsstil der Psalmen zeigt mir, wie wichtig es ist, mit mir selbst genauso ehrlich wie mit Gott zu sein und darauf zu setzen, dass Gottes heilende Gegenwart am Ende auch meinem Geist und Herzen Frieden schenken wird.

Gott nimmt alle Macken und Risse unseres Lebens wahr, ganz gleich, wie weh sie tun. Aus dieser Zuversicht wird Gott im Psalm 56,9 angesprochen: „Mein Elend ist aufgezeichnet bei dir. Sammle meine Tränen in einem Krug." Mit anderen Worten: Gott sammelt unsere Schmerzen und unser Ringen und birgt sie voller Mitgefühl bei sich. So ist es gut, unsere Tränen ausdrücklich vor Gott zu tragen, bis wir wieder den inneren Frieden finden.

Die heutigen Übungen

Atemgebet

Einatmen: Sammle meine Tränen ...
Ausatmen: ... in deinem Krug.

Zur Meditation

Halten Sie den Becher aufrecht in Ihren Händen ...
Betrachten Sie ihn als Raum, der Ihre Tränen birgt ...
Stellen Sie sich vor, in dieser Tasse seien Ihre eigenen Schmerzen und Tränen oder diejenigen eines Ihnen bekannten Menschen ...
Dann stellen Sie sich vor, wie Gottes Hände Ihre Hände um den Tränenbecher umschließen ...

Lassen Sie sich von dieser mitfühlenden Gegenwart trösten oder wenden Sie diesen Trost jemand anderem zu, der/die gerade sehr leidet ...

Schriftwort

OFFENBARUNG 7,13–17; JEREMIA 31,1–14

„Und Gott wird alle Tränen von ihren Augen abwischen" (Offb 7,17).

„Ich verwandle ihre Trauer in Jubel, tröste und erfreue sie nach ihrem Kummer" (Jer 31,13).

Für das Tagebuch

Zeichnen Sie den Tränenbecher und wie Tränentropfen in ihn hineinfallen. Schreiben Sie auf die einzelnen Tropfen Schmerzen, die Sie empfinden.

Wie haben Sie Gott erfahren, als Sie tief in Widerwärtigkeiten steckten?

Du Tröster, ...

Gebet (für sich selbst oder jemand anderen in großem Leid)

Du beschützende Gegenwart, lass dich mit deiner trostvollen Umarmung spüren und sammle in deiner mitfühlenden Liebe meine Tränen auf. Sei mir als schützende Zuflucht nahe. Heile die Stelle in mir, die nach Befreiung von ihrem Schmerz schreit. Halte mich eng an dich und erhöre meine flehentliche Bitte um Frieden.

Übung während des Tages

Immer, wenn ich heute eine Tasse oder ein Glas benutze, will ich daran denken, wie Gott die Tränen der Leidenden auffängt und sie liebevoll aufbewahrt.

Vierter Tag

Der nicht mehr reparierbare Becher

Mein Vater und meine Mutter starben, ohne dass es zur Versöhnung zwischen uns gekommen wäre. Ich als ihr einziges Kind konnte ihre in mich gesetzten Erwartungen nicht erfüllen und auch sie die meinen nicht. Ich wünschte, es wäre anders gewesen, und sie werden das auch so empfunden haben. Das Ritual des sich Findens fand nie statt. Wir hatten uns derart voneinander entfernt, dass ich nicht einmal zu ihrer Bestattung ging.

ROBERT FULGHUM

Zuweilen gibt es Brüche im Leben, die nicht heilbar sind. Nicht immer lassen sich Scherben wieder zusammensetzen oder jedenfalls nicht so, wie sie einmal zusammengehörten. Manche Teile sind unersetzlich oder lassen sich nicht mehr einfügen. Wenn man den Arbeitsplatz verliert, eine Beziehung zerbricht, ein lieber Mensch stirbt, Träume nie wahr werden, Einbrüche geschehen durch Krankheit, Alter oder Unfall, sind das alles Vorgänge, die sich nicht mehr rückgängig machen lassen.

Für ROBERT FULGHUM war es zu spät, seine Beziehung zu seinen Eltern zu bereinigen; nicht zu spät war es jedoch für ihn, den Bruch in seinem Herzen zu verarbeiten und innerlich ein Stück weit Versöhnung zu finden. Das Gleiche gilt auch für uns. Auch wenn wir die Bruchstücke eines Erlebens, eines Ereignisses, eines tiefen Konfliktes nicht mehr zusammenfügen können, sind wir doch in der Lage, an unserer Einstellung dazu zu arbeiten.

Alte Verletzungen, Schmerzen, Erinnerungen oder destruktive Verhaltensweisen müssen uns nicht für immer zerbrochen sein lassen. Das bekannte Gebet „Herr, schenke mir die Weisheit zu erkennen, was ich ändern kann, und geduldig zu ertragen, was ich nicht ändern kann" bringt diese Lebenswahrheit zum Ausdruck. Wir brauchen Mut und Achtsamkeit, die not-wendigen Schritte zu tun, um mit unserem Leben weiterzukommen, auch wenn wir dabei jemanden oder etwas zurücklassen müssen. Es braucht Mut, zum Zerbrochenen zurückzukehren und alles in unserer Macht Stehende zu tun, um in uns die Bruchstücke wieder zusammenzufügen.

Bezieht sich unsere Verletzung auf etwas, das nicht mehr behoben werden kann, so kommt der Zeitpunkt, ab dem man mit seinen unversöhnten Versuchen aufhören muss, die Bruchstücke noch einmal zusammenzubringen. Heilung in uns gelingt in diesem Fall nur dann, wenn man die Vergangenheit loslässt, sich nicht mehr abmüht, alles wieder so wie früher, vor dem Zerbrechen, haben zu wollen, sondern sein Leben in die Gegenwart und Zukunft ausrichtet, sich nach dem ausstreckt, was vor einem liegt.

Den heutigen Tag könnten Sie dazu nutzen, eine Bestandsaufnahme Ihres Lebens zu machen und zu sehen, wo es darin irreparable Bruchstücke gibt, und sich dann für immer von ihnen zu verabschieden.

Die heutigen Übungen

Atemgebet

Einatmen: Vergangenes ...
Ausatmen: ... loslassen.

Zur Meditation

Betrachten Sie nachdenklich den Becher, wie er umgestülpt vor Ihnen liegt ...
Gibt es etwas in Ihrem Leben, das nicht mehr „aufstehen" kann ...?
Stellen Sie sich die Möglichkeit vor, dass es irreparabel ist ...
Können Sie es im Frieden innerlich loslassen ...?

Bitten Sie Gott um die Gnade, vom Festhalten an Vergangenes geheilt zu werden ...

Nehmen Sie dann den Becher und halten ihn aufrecht in Ihren Händen ...

Bitten Sie Gott um die Weisheit und den Mut, alte Schmerzen und Schwierigkeiten, die Sie noch gefesselt halten, loslassen zu können ...

Schriftwort

JESAJA 43,14–21

„Denkt nicht mehr an das, was früher war.
Auf das, was vergangen ist, sollt ihr nicht achten.
Seht her, nun mache ich etwas Neues.
Schon kommt es zum Vorschein,
merkt ihr es nicht?" (43,18f).

Für das Tagebuch

Bruchstücke meines Lebens, die ich nicht mehr „einfügen" und hinter mir lassen muss, sind: ...

Verfassen Sie ein Gespräch mit einem Teil Ihrer „gebrochenen" Vergangenheit ...

Guter Gott, bitte schenke mir die Weisheit zu erkennen, ...

Gebet

Gott, schenke mir die Gelassenheit,
das hinzunehmen, was ich nicht ändern kann,
den Mut, das zu ändern, was ich ändern kann,
und die Weisheit, das eine vom anderen zu unterscheiden.

DAS BEKANNTE GEBET UM GELASSENHEIT

Übung während des Tages

Ich nehme mir vor, ein irreparables Bruchstück meines Lebens für immer loszulassen.

Fünfter Tag

Widerstände wahrnehmen

Ich bin bereit, die Ketten, die mich noch gefesselt hielten, zerbrechen zu lassen. Ich bin bereit, die Mauern, die ich um mich errichtete, niederreißen zu lassen. Ich bin bereit, mein Bedürfnis, alles selbst im Griff zu haben, aufzugeben. Ich bin bereit, meinen Groll loszulassen. Ich bin bereit, erwachsen zu werden.

MACRINA WIEDERKEHR

JACK KORNFIELD bringt in seinem Buch *A Path With Heart (Ein Weg mit Herz)* eine recht eindrucksvolle Geschichte über die Voreingenommenheit, durch die wir oft für die Wirklichkeit blind sind. Ein Vater ist nicht daheim, als Räuber kommen, sein Haus anzünden und seinen Sohn mit sich nehmen. Der Vater kommt heim, steht vor der Asche seines Hauses und ist der Überzeugung, sein Sohn sei darin verbrannt. Er verbringt viele Monate in unsäglicher Trauer. Schließlich gelingt es dem Sohn, seinen Entführern zu entkommen und sich nach Hause durchzuschlagen. Er klopft an die Tür eines Hauses, in dem der Vater jetzt wohnt, und ruft: „Ich bin's, dein Sohn!" Aber der Vater entgegnet nur: „Mein Sohn ist verbrannt!", und weigert sich, die Tür aufzumachen, in der Meinung, Nachbarskinder wollten ihm bloß einen Streich spielen. Schließlich geht der Sohn wieder fort und kommt nie mehr wieder. In dieser Geschichte verschließt sich der Vater gegen die Wahrheit, die seinen Verlust beheben und ihm die Freude und Freiheit wiederbringen könnte, weil er sich so sehr auf das versteift, was er für die Wahrheit hält. Voller Schmerz kann man sich leicht in Wahnvorstellungen hineinsteigern, etwa: „Kein Mensch liebt mich. Niemand kümmert sich um mich. Ich werde nie mehr glücklich sein. Alles war meine Schuld. Das und das kann ich nicht. Ich weiß einfach noch nicht genug" und so weiter. Vielleicht gäbe es durchaus einen Weg der Heilung, aber man erkennt ihn nicht, weil man sich derart in seinem Schmerz eingeigelt hat.

Widerstand kann auch andere Formen annehmen: Er kann sich etwa in stummem Rückzug äußern, in Apathie, Weglaufen, pausenlosem Reden, Sich-Verteidigen oder in Vorwürfen, ständiger Geschäftigkeit, Leugnen oder so tun, als begreife man es nicht, in Überkritik oder Ausflüchten und Rechtfertigungen, bis man innerlich keine Luft mehr bekommt und der Körper durch Krankheit um Hilfe ruft. Der innere Widerstand ist dann so, als halte man eine Tasse mit der Hand zu. Dann lässt sich nichts mehr hinein- oder ausgießen. Etwas Ähnliches kann es auch im spirituellen Leben geben.

Marta, die Schwester des Lazarus, glaubte nicht, ihr Bruder könne wieder zum Leben erweckt werden. Sie beharrte darauf, dass er schon viel zu lange tot sei. So versperrte sie sich gegen die Möglichkeit, dass Jesus ihn aus seinem Grab herausrufen könnte.

Gibt es in Ihrem Leben etwas, von dem sie glauben, es lasse sich nicht mehr zum Leben erwecken? Gibt es in dieser Hinsicht Blockierungen für Ihr weiteres Reifen?

Die heutigen Übungen

Atemgebet

Einatmen: Vergangenes ...
Ausatmen: ... loslassen.

Zur Meditation

Halten Sie Ihren Becher in beiden Händen ...
Bedecken Sie ihn mit einer Hand ...
Nehmen Sie achtsam Ihre inneren Widerstände und Verweigerungen wahr, sich zu öffnen für den Fluss des Lebens ...
Wie blockieren Sie Ihre Offenheit für das Weiterwachsen ...?

Stellen Sie sich jetzt plastisch vor, Sie würden von Gottes Händen gehalten ...

Lockern Sie Ihren Griff um Ihre Sorgen und Unsicherheiten ...

Horchen Sie genau hin, was Ihnen Gott über das Vertrauen sagen könnte ...

Nehmen Sie die Hand von der Öffnung der Tasse ...

Achten Sie darauf, wie aufnahmebereit sie jetzt ist ...

Halten Sie den Becher an Ihr Herz ...

Versuchen Sie Folgendes: Stehen Sie auf und machen Sie eine tiefe Verneigung zum Zeichen, dass Sie sich Gott anheim geben ...

Schriftwort

JOHANNES 11,1–44

„Jesus sagte: Nehmt den Stein weg! Marta, die Schwester des Verstorbenen, entgegnete ihm: Herr, er riecht aber schon, denn es ist bereits der vierte Tag, dass er tot ist" (Joh 11,39).

Für das Tagebuch

Eine meiner gewohnten Ausreden, mich davor zu drücken, spirituell weiter zu reifen, ist ...

Ich halte krampfhaft an Folgendem fest: ...

Ich weise weit von mir, dass ...

Du, Spender des Lebens, ...

Gebet

Gott der Wahrheit, hilf mir, meine inneren Widerstände gegen das Reifwerden zu erkennen. Erhelle mit deinem Licht meine dunklen Vorstellungen. Decke meine Ängste auf. Zeige mir, wo ich blockiert bin. Lockere meinen Griff, der Sicherheit sucht. Brich meine Verschlossenheit auf. Führe mich zu größerer Freiheit und heile mein Inneres.

Übung während des Tages

Ich will heute genau darauf achten, welche Entschuldigungen ich habe, um unangenehme – und doch heilsame – Dinge zu meiden, und dann will ich etwas von dem tun, was mir unangenehm ist.

Sechster Tag

Der geflickte Becher

Das Warten ist endlos ... Ich warte, weil ich überhaupt nichts anderes tun kann. Ich warte, weil das Kostbarste, was ich habe, tief in mir steckt und vom Schweigen gehütet wird. Das Warten führt zur Geduld. Das Annehmen meiner Ohnmacht führt zur Kraft und Liebe und zum Mut zum Wagnis.

CHRISTIN LORE WEBER

Auf der Farm des Klosters, in dem ich einige Jahre lebte, sah ich zum ersten Mal ein trächtiges Lama. Ich war ganz aufgeregt und schaute jeden Tag nach der Lamamutter, ob ihr Kleines schon zur Welt gekommen sei. Eines Tages fand ich sie schließlich auf der Wiese, auf der sie immer weidete, an einen Baum gebunden. Und dann sah ich das Neugeborene in einem blütenweißen, trockenen, flaumigen Wollkleid. Ich empfand Enttäuschung darüber, die Geburt nicht miterlebt zu haben, und ging zu den Schwestern, um mich zu erkundigen, wann es auf die Welt gekommen sei. „Was, es ist schon auf der Welt?", sagten sie verwundert und liefen alle mit, um es zu sehen. Tatsächlich war das kleine Lama gerade erst auf der Weide zur Welt gekommen, während ich vermutet hatte, es sei schon mindestens einen Tag alt; denn ich wusste damals noch nicht, wie schnell neugeborene Lamas mit der Herde laufen können.

Später an diesem Tag kam mir der Gedanke: „Das ist wie das Geheiltwerden. Ich warte und warte, bis etwas passiert, und dann merke ich gar nicht, dass es plötzlich eingetreten ist." Das Geheiltwerden braucht viel Geduld und Zeit. Unser Heilungsprozess geht wie derjenige einer tiefen Körperwunde von innen nach außen vor sich. Es kann sein, dass man gar nicht immer sieht, wie er beharrlich vor sich geht, und muss dann einfach glauben, dass er stattfindet.

Außer diesem Glauben, dass man geheilt werden kann, muss man zum Heilwerden auch noch:

- seine unerwünschten Gefühle benennen und an ihnen arbeiten,
- für sich selbst und andere Einfühlungsvermögen entwickeln,
- innere Widerstände loslassen,
- Gott vertrauen und sich ihm überlassen,
- Hilfe von Seiten anderer annehmen,
- Vergebung schenken und annehmen,
- sich umsichtig um seinen Körper und seine Seele kümmern.

Auch wenn man die Vergangenheit nicht ungeschehen machen oder festhalten kann, kann man von dem geheilt werden, was einen verletzt hat.

Der heutige Tag kann die Zeit sein, sich vor Augen zu führen, wie Heilung ein Prozess ist und nicht auf einen Schlag erfolgt. So lassen Sie sich also geduldig und mit Vertrauen und Zuversicht auf den Prozess Ihrer inneren Heilung ein.

Die heutigen Übungen

Atemgebet

Einatmen: Heilender Gott ...
Ausatmen: ... dir vertraue ich.

Zur Meditation

Halten Sie den Becher in umgestülpter Stellung ...
Stellen Sie sich darin Ihre alten Wunden und Verletzungen vor ...
Nehmen Sie sie im Geist eine um die andere heraus ...
Legen Sie sie dem göttlichen Heiler in die Hände ...

Halten Sie dann den Becher aufrecht in Ihren Händen ...
Stellen Sie sich die Bruchstücke vor, die zusammengefügt sind ...
Danken Sie Gott, dass er schon heilend an Ihnen gewirkt hat ...
Bitten Sie ihn um Geduld und Hoffnung ...

Schriftwort

EZECHIEL 34,11–16

„Die Verlorengegangenen will ich suchen,
die Vertriebenen zurückbringen,
die Verletzten verbinden,
die Schwachen kräftigen" (34,16).

Für das Tagebuch

Welcher Aspekt des Geheiltwerdens ist für mich am leichtesten?
Welcher Aspekt ist für mich am schwierigsten oder stellt für mich
die größte Herausforderung dar?
Schreiben Sie Ihre persönliche Fassung der Geschichte der „Amazing Grace", der „wunderbar wirkenden Gnade" in Ihrem Leben.
Führen Sie ein Gespräch mit einem der geheilten Bereiche Ihres
Lebens (oder mit einem verletzten, der immer noch im Heilungsprozess begriffen ist).

Gebet

Heilender Gott, hilf mir, dass die zerbrochenen Stellen meines Lebens wieder heil werden. Lenke mir Sinn und Herz auf Quellen der
Hoffnung und Heilung. Lass mich über allem Denken an das, was
ich aus meinem Leben verloren habe, nicht all das vergessen, was
mir bleibt. Sei du meine Aussicht und meine Kraft. Salbe mich mit
dem Öl deiner Liebe und nimm mich an der Hand, während sich an
mir unmerklich die Heilung vollzieht.

Übung während des Tages

Heute will ich mir ein kleines Pflaster anlegen, zum Zeichen meines Vertrauens, dass Gott alles, was in meinem Leben verletzt ist,
heilen kann, und zum Dank für alles, was er schon geheilt hat.

Siebter Tag

Rückblick und Auswertung

1 Gehen Sie noch einmal in Ruhe die vergangenen sechs Tage durch.

2 Unterstreichen Sie in Ihrem Tagebuch alles, was Sie mit seiner Wahrheit besonders anspricht, und verweilen Sie dabei noch einmal.

3 Schreiben Sie eine kurze Zusammenfassung dessen, was im Lauf dieser Woche in Ihnen vorgegangen ist. (Oder Sie könnten dies stattdessen auch in Farben, Ton, Tanz usw. zum Ausdruck bringen oder einen Becher zeichnen und seiner Größe und Gestalt, seinem Aussehen und Inhalt Form geben, sodass er symbolisch darstellt, was Sie während dieser Woche erfahren haben.)

Zusätzliche Anregung

Wie geht es Ihnen mit den Anregungen „zur Meditation" mit dem Becher? Empfinden Sie das als leichten und anregenden Teil Ihrer täglichen Übungen oder tun Sie sich damit schwer? Für manche Menschen ist es ein schmerzlicher Prozess, sich auf Bilder und Imaginationen einzulassen. Wenn das auch für Sie gilt, dann sorgen Sie sich nicht darum, wirklich etwas zu „sehen". Denken Sie einfach thematisch an das, was sich vorzustellen angeregt wird. Strengen Sie sich nicht zu sehr an, sondern lassen Sie die Gedanken und Gefühle sich auf ihre eigene Weise entfalten.

FÜNFTE WOCHE

Der Becher des Mitgefühls

Zum Thema der Woche

Ich reiche mein Herz als Trinkgefäß voll Liebe dar,
bereit, den Menschen daraus auszuschenken.

JESSICA POWERS

Beim Besuch eines Heims für Sterbenskranke lernte ich eines
Donnerstags eine Frau namens AGNES kennen. Sie saß am Bett
ihres Mannes AL, der einen Gehirntumor hatte. Am darauf folgenden Donnerstag traf ich sie wieder am Bett ihres Mannes sitzend.
Dieses Mal erzählte sie mir von MARIAN, einer Frau, deren Mann in
der vorigen Woche im Heim gestorben sei. AGNES kannte MARIAN
nur aus einigen kurzen Gesprächen, die sie vor dem Tod ihres
Mannes miteinander geführt hatten; aber jetzt begriff die Witwe,
was AGNES durchmachte, und wollte ihr beistehen. So begann sie,
AGNES jeden Abend anzurufen, um sich zu erkundigen, wie es ihr
gehe. AGNES erzählte mir, welch große Hilfe diese Anrufe für sie
seien, um jeden Tag neu bewältigen zu können.

Die Wochen zogen sich hin, und die eine Frau, erst unlängst
selbst von ihrem schweren Verlust getroffen, kümmerte sich voller
Mitgefühl um die andere, die schwer zu kämpfen hatte. MARIAN
konnte für AGNES nicht viel „tun"; sie konnte ihre Situation nicht
ändern, aber sie half ihr ungemein damit, dass sie einfach mit ihrer
Anteilnahme bei ihr war.

MARY JO MEADOWS definiert „compassion", „Mitgefühl", als „Be-
ben des Herzens angesichts des Leidens eines anderen Menschen"
und bemerkt: „Mitfühlende Wesen ... können es nicht aushalten,
jemanden leiden zu sehen und unbeteiligt daneben zu stehen."
Mitgefühl ist die Fähigkeit, „in die Haut eines anderen schlüpfen"
und auf ihn mit liebevoller Anteilnahme und Sorge eingehen zu
können. JACK KORNFIELD schreibt, der wahrhaft liebende Mensch

atme den Schmerz der Welt ein und Mitgefühl aus. So weit geht Mitgefühl, und so eng verbindet es sich mit anderen.

Jedes Leben beeinflusst auf irgendeine Weise alle anderen Leben. Je deutlicher wir sehen, dass in unserer Welt alle Wesen untrennbar miteinander verknüpft sind, desto stärker muss dies zum Mitgefühl bewegen. Dieses spirituelle Einssein macht das Wesen des Christentums aus. Christus ist der Weinstock, die Menschen sind seine Zweige. Wir sind der Leib Christi (vgl. Joh 15; 1 Kor 12). Das in uns pulsierende Leben ist das Leben Gottes, der uns mit spiritueller Lebenskraft erfüllt.

Das deutlichste Kennzeichen eines lebendigen Christen dürfte Mitgefühl sein. Lesen Sie die Evangelien und Sie werden sehen, dass Jesus ständig diese Eigenschaft lebte und seine Jünger dazu anleitete. Wiederholt sagte er, wer einem anderen Menschen Mitgefühl entgegenbringe, bringe es ihm selbst entgegen.

Mitgefühl kann sehr anspruchsvoll werden. Es ist nicht leicht, sich auf den Schmerz eines anderen einzulassen und seine Verletzung mitzuempfinden. Zuweilen verlangt Mitgefühl von uns, einfach „mit" jemandem zu sein, geduldig zu warten, mit ihm die Erfahrung seiner Ohnmacht zu teilen. Gelegentlich aber bringt Mitgefühl auch den Anspruch mit sich, etwas zu „tun": etwas von unserer Zeit und unseren Mitteln abzugeben, uns für mehr Gerechtigkeit einzusetzen oder mit dem anderen oder für ihn die „zusätzliche Meile" zu gehen, wie das der gute Samariter im Gleichnis Jesu getan hat. Und wiederum ein anderes Mal verlangt Mitgefühl von uns, dass wir vom anderen dankbar etwas annehmen, weil er seinerseits unsere Annahmebereitschaft und Verletzlichkeit braucht.

Menschen, die sich aktiv um andere kümmern, müssen immer wieder ihre Motivation überprüfen, aus der heraus sie Mitgefühl anbieten, um sicher zu gehen, dass sie das nicht aus einem eigenen egozentrischen Bedürfnis heraus tun. Sie müssen zudem darauf achten, dass sie sich genügend um sich selbst kümmern. MARY JO MEADOWS sagte zu diesem Thema: „Man muss nahe genug an das Leiden herangehen, um es mitzuspüren, aber nicht so nahe, dass man davon überwältigt wird oder darin ‚verloren' geht." Das kann ein sehr heikler Balanceakt sein.

Der Exeget MARCUS BORG weist darauf hin, dass in der hebräischen wie christlichen Heiligen Schrift das Mitgefühl die zentrale Eigenschaft Gottes ist, und er hebt diese Eigenschaft Gottes besonders hervor: Gott fühlt unseren Schmerz, unseren Verlust und unser Leiden mit.

Wenn Sie in dieser Woche Ihr Becher begleitet, können Sie daraus Inspiration und Trost schöpfen, dass Gott schlechthin unser Vorbild dafür ist, wie wir die Verletzten unserer Mitwelt in unser Herz schließen und ihnen den Becher des Mitgefühls reichen können.

Mein Becher des Mitgefühls
enthält die Tränen der Welt;
er fließt von Trauer über,
von Ringen und von Traurigkeit.

Mein Becher des Mitgefühls
enthält das Weinen der Kinder,
denen es an Nahrung, Liebe, Obdach fehlt,
der unerwünschten, unversorgten Kinder.

Mein Becher des Mitgefühls
enthält die Schreie der Menschen im Krieg,
der Gefolterten, Gepeinigten,
der Eingesperrten,
der Vergewaltigten und Verstümmelten.

Mein Becher des Mitgefühls
enthält die Versehrten und Zerschlagenen,
die Opfer von Inzest und Missbrauch,
von Kriegen und Gewaltverbrechen.

Mein Becher des Mitgefühls
enthält die Stimmen der Verstummten,
der seelisch Kranken,
der heimatlosen Asylanten,
der Ungeborenen und Obdachlosen.

Mein Becher des Mitgefühls
enthält die Entbehrung der Armen,
das Leid der Opfer des Rassenhasses,
der von der Justiz Vernachlässigten.

Mein Becher des Mitgefühls
enthält den Schmerz
über den Verlust von Menschen,
das Stöhnen der Sterbenden,
den Stachel der Geschiedenen.

Mein Becher des Mitgefühls
enthält den Todeskampf der Erde,
der ausgerotteten Arten,
der verschmutzten Luft,
des vernichteten Landes,
der vergifteten Flüsse.

Meinen Becher des Mitgefühls
halte ich an mein Herz,
dort, wo Gott wohnt,
wo die Liebe stärker ist
als Tod und Verhängnis.

JOYCE RUPP

Erster Tag

Mitgefühl lernen

Was können wir tun? Wir können zum Zeichen werden. Unter welchen Umständen auch immer zum Zeichen der Freude und zur Quelle der Liebe Gottes werden.

BEDE GRIFFITHS OSB

Über das Mitgefühl habe ich eine Menge von einer meiner Lehrerinnen am College gelernt. Ich entsinne mich noch, wie überrascht ich war, als sie sich ganz persönlich für mich interessierte, eine heimwehkranke Anfängerin. Sie war aufmerksam um jeden ihrer Schüler in ihren großen Klassen besorgt, nahm sich die Zeit, eine Studentin oder einen Studenten im Vortragsraum oder auf dem Campus anzuhalten, um sich nach deren Befinden zu erkundigen und sich dann wirklich ihre Antworten anzuhören. An das, was sie inhaltlich im Unterricht vermittelte, erinnere ich mich heute kaum mehr, wohl aber an viele Einzelheiten, wie sie sich um mich und die anderen Studenten gekümmert hat.

Mitfühlende Menschen regen oft andere dazu an, ebenfalls mitfühlend zu sein. Mir geht es jedes Mal so, wenn ich über das Leben Jesu meditiere. Ich kann nur darüber staunen, wie Jesus derart mitfühlend war, wenn er Kranken, Trauernden, Hungrigen und Unterdrückten begegnete. Öfter wird von ihm gesagt, er sei „im Geist tief bewegt worden" oder habe mit den Menschen Mitleid gehabt. Jesus hatte ein erstaunliches Gespür für die Verletzungen geplagter und zerrissener Menschen. Das Maß seiner Fähigkeit zur Liebe und zum Geliebtwerden ist phänomenal.

Außerdem haben mich auch mitfühlende Menschen aus der Geschichte inspiriert, wie etwa DOROTHY DAY, MAHATMA GANDHI,

Etty Hillisum, Tom Dooley, Mutter Teresa und Albert Schweitzer. Tief bewegt hat mich, was ich über die englische spirituelle Schriftstellerin Caryll Houselander las. Zu Caryll brachten andere Psychiater geistig und emotional kranke Menschen, denen sie nicht mehr helfen konnten. Sie lebte mit ihnen zusammen, und ihre einfühlsame Gegenwart auf sie hatte verblüffende Folgen: Weil sie die Patienten in einem unglaublichen Maß akzeptierte und liebte, wirkte sich das eindrucksvoll heilend auf sie aus.

Wenn ich mir das Leben besonders mitfühlender Menschen genauer anschaue, erkenne ich bei ihnen allen gemeinsame Züge. Oft hatten sie selbst ein hohes Maß an Leiden oder sehr schmerzliche Ereignisse durchgestanden, hatten ein weites Herz, enthielten sich aller Vorwürfe und negativen Urteile, waren als leidenschaftliche Mensch bereit, ihr Leben zu opfern, konnten sich ungemein gut in andere einfühlen und ließen sich zu ihrer Liebe vom Bewusstsein inspirieren, dass die gesamte Schöpfung eins ist.

Für heute lade ich Sie ein, sich an all die Menschen zu erinnern, von denen Sie Mitgefühl gelernt haben. Wer hat Ihnen nahe gebracht, anderen den Becher des Mitgefühls zu reichen?

Die heutigen Übungen

Atemgebet

Einatmen: Mitfühlender Gott ...
Ausatmen: ... lehre mich mitzufühlen.

Zur Meditation

Erinnern Sie sich an mitfühlende Menschen, die Sie kennen (persönlich oder aus der Geschichte, der Heiligen Schrift, Literatur usw.) ...
Auf welche Weise gingen sie mit Mitgefühl auf andere Menschen zu ...?

Schreiben Sie ihre Namen auf einen Zettel ...
Stecken Sie diesen Zettel unter Ihren Becher, als Symbol dafür,
dass ihr Beispiel eine Grundlage Ihres Mitgefühls ist ...
Nehmen Sie es als Möglichkeit, diese mitfühlenden Menschen zu
ehren ...

Schriftwort

MATTHÄUS 10,40–42

„... Und wer einem von diesen Kleinen auch nur einen Becher frischen Wassers zu trinken gibt, weil es ein Jünger ist – amen, ich
sage euch: Er wird gewiss nicht um seinen Lohn kommen" (10,42).

Für das Tagebuch

Ich habe folgende Erfahrungen mit dem Mitgefühl gemacht: ...
Das Entscheidende, was ich von mitfühlenden Menschen gelernt
habe, ist, ...
Mitfühlender Gott, ...

Gebet

Gott, du fühlst mit den Verletzten. Ich danke dir für die liebevollen
Menschen, die du in mein Leben geführt hast und die mir in mühsamen Zeiten Trost und Kraft geschenkt haben. Ich danke dir für
alle, die mich Mitgefühl gelehrt haben. Ich möchte ein noch mit-
fühlenderer Mensch werden, damit mein Leben wirklich dich spie-
gele. Wecke in mir neu die Gabe des Mitgefühls und stärke sie.

Übung während des Tages

Ich will heute versuchen,
mit allen Mitgefühl zu haben.

Zweiter Tag

Den Becher anbieten

Es fließt jetzt ein ständiger Strom der zärtlichen Anteilnahme, ein Strom, aus dem alle kleinlichen Wünsche getilgt zu sein scheinen. Worauf es jetzt nur noch
ankommt, ist, dass wir alle einander mit der in uns
steckenden Güte herzlich zugetan sind.

ETTY HILLISUM

Obwohl man nicht mehr viel darüber hört, bin ich dennoch davon
überzeugt, dass die Lehre vom geheimnisvollen Leib Christi immer
noch ungemein wichtig und hilfreich ist, wenn es darum geht, als
mitfühlender Mensch zu leben. Nach diesem Bild aus der christlichen Spiritualität ist jede und jeder von uns ein Teil des Ganzen
und der Geist Jesu vereint uns alle miteinander. Die Heilige Schrift
spricht in Bildern von diesem Einssein, etwa von dem einen Körper
mit den vielen Gliedern: „Wenn ein Glied leidet, leiden alle Glieder
mit; wenn ein Glied geehrt wird, freuen sich alle anderen mit"
(1 Kor 12,26). Jeder einzelne Teil des Ganzen ist bedeutungsvoll
und kostbar.

Mir gibt das Bewusstsein große Kraft, dass ich mit jedem und
allem in meiner Welt verbunden bin, weil in allem die in jedem
von uns wohnende göttliche Gegenwart pulsiert und in jedem
Stück der Schöpfung die gleichen Atome wirbeln und tanzen. Alles
Leben ist ein Teil meiner selbst und ich selbst bin ein Teil allen Lebens. Alle Menschen sind meine Schwestern und Brüder. In jedem
von ihnen erkenne ich das Antlitz der göttlichen Gegenwart, die
mich anschaut. Der mitfühlende Gott hat mir ein liebendes Antlitz
gezeigt; jetzt soll umgekehrt ich es widerspiegeln. Ich soll dem anderen die Gegenwart Gottes verkörpern. Wenn ich jemandem den

Becher des Mitgefühls reiche, reicht „Gott in mir" ihn „Gott im andern". Eine einzige große Liebe verbindet uns mit dem gesamten Leben.

Nicht nur Christen werden ermutigt, für die andern zum Licht und zur Quelle der Liebe zu werden. „Compassion", Mitgefühl, ist auch in anderen religiösen Traditionen ein zentrales Thema. Eines der letzten Worte des Buddha zu seinen Schülern lautete: „Werdet selbst zum Licht." Das ist den Worten Jesu sehr ähnlich, der seine Jünger aufforderte, ihr Licht nicht unter einem Korb zu verstecken, sondern es so aufzustellen, dass alle es sehen können. Wie Jesus ermutigte auch der Buddha seine Schüler, Menschen großer Liebe zu sein.

Eine Art, ein Licht oder Zeichen des großen Mitgefühls Gottes zu sein, besteht darin, für andere und mit ihnen zu beten. Ich zähle Gott jeden Morgen die für mein Leben wichtigen Menschen auf und bitte ihn, sie zu segnen. Das gleiche tue ich auch für die Gruppen, mit denen ich in der betreffenden Woche Kurse oder Besinnungstage halte. Sodann verrichte ich das leicht abgewandelte Gebet von Kardinal NEWMAN, das ich Ihnen unten als Gebet für den heutigen Tag vorschlage. Auf diese Weise bringe ich mir täglich mein Einssein mit anderen zu Bewusstsein sowie meine Berufung, in allem, was ich bin und tue, Botin der Liebe Gottes zu sein.

Die heutigen Übungen

Atemgebet

Einatmen: Wir sind viele ...
Ausatmen: ... wir sind eins.

Zur Meditation

Halten Sie Ihren Becher vor sich ...
Stellen Sie sich in Richtung Osten hin ...
Vereinen sie sich mit allen Lebewesen im Osten ...

Lassen Sie aus Ihrem Herzen auf sie alle Ihr Mitgefühl ausstrahlen ...
Wenden Sie sich hierauf in Richtung Süden ...
Halten Sie Ihren Becher allen im Süden Lebenden entgegen ...
Vereinen Sie sich im Geist mit ihnen allen ...
Lassen Sie aus Ihrem Herzen auf sie alle Ihr Mitgefühl ausstrahlen ...
(Machen Sie das Gleiche in Richtung Westen und Norden.)

Schriftwort

1 KORINTHER 12,12–31
„Denn wie der Leib eine Einheit ist, doch viele Glieder hat, alle
Glieder des Leibes aber, obgleich es viele sind, einen einzigen Leib
bilden: So ist es auch mit Christus ... Ihr aber seid der Leib Christi,
und jeder Einzelne ist ein Glied an ihm" (12,12.27).

Für das Tagebuch

Ich bin ein Quell der Liebe Gottes, wenn ...
Ich zögere oder weigere mich, den Becher des Mitgefühls ... zu reichen, weil ...
Verfassen Sie ein Gespräch mit jemandem oder einer Gruppe, denen gegenüber Sie zwiespältige Gefühle oder Vorurteile haben.

Gebet

Guter Gott, hilf mir, deine Liebe überall, wohin ich gehe, zu verbreiten. Durchwirke und besitze mein gesamtes Wesen durch und
durch, damit mein Leben ganz und gar dein Mitgefühl widerspiegelt. Mach mich hell und sei derart in mir, dass jeder Mensch, dem
ich begegne, in meinem Geist deine Gegenwart zu spüren vermag.
NACH KARDINAL NEWMAN

Übung während des Tages

Ich will heute versuchen, jemandem mein Mitgefühl anzubieten,
von dem ich weiß, dass er bzw. sie meines Verständnisses, meiner
Güte und Zuwendung bedarf.

Dritter Tag

Den Becher selbstlos reichen

Zu viele von uns fügen sich darin oder werden dazu gezwungen, Zeit mit Tätigkeiten zu verbringen, die sie eigentlich von ihrem Herzen her gar nicht wollen. Würde man uns fragen: „Warum tust du das?", so wüssten wir keine Antwort darauf.

PARKER PALMER

JOSEPH CAMPELL schreibt, auf unserem Weg der Verwandlung kämen wir unter anderem durch eine finstere Höhle in einen neuen Frühling des Lebens. Dabei geschehe etwas sehr Wichtiges: Wenn Menschen aus der Zone des Schmerzes in ein neues Leben gelangen, bringen sie immer ein „Elixier" oder eine Gabe mit. Diese Gabe ist nicht nur für sie selbst gedacht, sondern soll der Verwandlung der Welt dienen. Gott wendet uns immer sein Mitgefühl zu; er erhält uns über alle Höhen und durch alle Tiefen unseres Weges seine Liebe. Auch wir sollen anderen dieses Mitgefühl zuwenden. Das Leben ist ein ständiger Kreislauf von Geben und Empfangen. Das göttliche Geschenk der Liebe, das wir empfangen, ist dazu gedacht, mit anderen geteilt zu werden.

Ich bin zur Einsicht gelangt, dass meine Motivationen für mein Mitgefühl von entscheidender Bedeutung sind. Je mehr ich mir meiner Motivationen bewusst bin, desto eher kann ich das Geschenk des Mitgefühls aus echter Herzensfreiheit schenken, ohne damit noch irgendetwas zu verbinden. Je freier ich werde, umso echter wird auch meine Großzügigkeit. Das entspricht dem, was ein altes Lied sagt: „Freely, freely I have received, freely, freely I give" – „In Freiheit, in Freiheit habe ich empfangen, in Freiheit, in Freiheit gebe ich". Wenn ich mir also über meine Gründe für mein Geben im Klaren bin, kann ich auch mein Mitgefühl freier verschenken.

Ich kann ja sogar beim Geben fragwürdige Motive haben: ein Gefühl des „Ich muss das tun" oder ein Schuldgefühl, oder ich suche nach Selbstbestätigung, will ein Problem unbedingt „in Ordnung bringen" oder lösen, weil es mich ärgert, oder ich handle aus einer „Erlöser-Mentalität". Wenn das zu stark der Fall ist, steckt in meinem Mitgefühl zu viel von mir selbst und ich kann mich nicht genügend darauf konzentrieren, wirklich den zu lieben, der verletzt ist. Je mehr ich aber meine eigenen Emotionen, Einstellungen, Zwänge und Sehnsüchte durchschaue, desto transparenter und wirklich mitfühlend werde ich sein können. Je gesünder ich psychisch und spirituell bin, desto freier bin ich auch darin, meine Gaben anderen anbieten zu können.

Zudem habe ich entdeckt, wie wesentlich es ist, auch mit mir selbst Mitgefühl zu haben. Je mehr ich mich selbst liebe, umso eher kann ich auch andere lieben. Fürsorgliche Menschen sind oft stark darin, anderen Mitgefühl zuzuwenden, bringen es jedoch häufig nicht fertig, das gleiche Mitgefühl auch für sich selbst aufzubringen.

Gaben sind dazu gedacht, gegeben zu werden. Gaben sind dazu gedacht, entgegengenommen zu werden. Gaben, echte Gaben, werden umsonst angeboten.

So stellen Sie sich heute die Frage: In welcher Weise und aus welchem Grund biete ich anderen meine Gabe des Mitgefühls an?

Die heutigen Übungen

Atemgebet

Einatmen: Ich empfange ...
Ausatmen: ... und gebe.

Zur Meditation

Halten Sie den Becher in Ihren Händen ...
Stellen Sie sich vor, Gott hat ihn bis zum Rand mit seinem endlosen Mitgefühl für Sie gefüllt ...
Danken Sie Gott für diese Gabe ...
Halten Sie die Tasse hoch ...
Bitten Sie Gott, Ihnen zu helfen, dieses Mitgefühl anderen anzubieten ...
Verweilen Sie in der Gegenwart der Liebe Gottes ...

Schriftwort

MATTHÄUS 25,31–45
„Denn ich war hungrig, und ihr habt mir zu essen gegeben;
ich war durstig, und ihr habt mir zu trinken gegeben;
ich war fremd und obdachlos, und ihr habt mich aufgenommen;
ich war nackt, und ihr habt mir Kleidung gegeben;
ich war im Gefängnis, und ihr seid zu mir gekommen" (25, 35f).

Für das Tagebuch

Gewöhnlich bin ich aus dem Grund mitfühlend, weil ...
Beim Gedanken an Gaben, die mir geschenkt sind, kommt mir ...
Gott, ich danke dir für ...

Gebet

Mitfühlender Gott, hilf mir,
mich denen zuzuwenden, die verletzt sind.
Lass mich in jedem Gesicht dich sehen.
Lass mich aus jeder Stimme dich hören.
Lass mich in jeder Beziehung dir begegnen.
Lass mich frei und in echter Großzügigkeit geben.

Übung während des Tages

Ich will einen Aspekt des Mitgefühls
auswählen, den ich selbst brauche,
und ihn mir selbst und auch anderen schenken.

Vierter Tag

Der Becher der Hingabe

Mitgefühl ... ist die Kraft, die sich aus der Einsicht in die wahre Natur des Leidens in der Welt ergibt. Mitgefühl lässt uns angstfrei Zeugnis für dieses Leiden ablegen, mag es unser eigenes oder dasjenige anderer sein; es hilft uns, ohne zu zögern das Unrecht beim Namen zu nennen und mit aller uns zur Verfügung stehenden Kompetenz energisch zu handeln.
Sharon Salzberg

Mitgefühl hat seinen Preis. Es ist nicht kostenlos zu haben, und womit man es bezahlen muss, ist nicht zuletzt der Schmerz, der einen selbst erschüttert, wenn man am Leiden eines anderen Menschen Anteil nimmt. Nimmt man Stellung und äußert sich energisch gegen ein Unrecht, so kann es sein, dass man sein Mitgefühl mit Spott, Ablehnung, dem Verlust von Freunden oder seines Arbeitsplatzes bezahlen muss. Ist man bereit, sich um jemanden zu kümmern, der physisch oder seelisch sehr leidet, kann einen dieses Mitgefühl viel kostbare Zeit und Energie kosten. Oder wenn man mit anderen mitleidet, etwa mit Obdachlosen, Sterbenden, Aidskranken oder Häftlingen, kann man mit seinen eigenen Ängsten, Unsicherheiten, Ohnmachtgefühlen, Überheblichkeiten oder Vorurteilen konfrontiert werden.

Mitgefühl nötigt einen, aus seiner bequemen, sicheren Nische herauszukommen. Es fordert einen und stellt den Anspruch, Apathie und Gleichgültigkeit aufzugeben. Mitgefühl nimmt Ausflüchte nicht an, man habe zu viel zu tun, kenne sich nicht aus oder wisse auch keine Hilfe. Es beinhaltet den Anspruch, auf die Leidenden zuzugehen und, wie Sharon Salzberg sagt, „mit ausnahmslos allen Lebewesen Sympathie zu empfinden". Sehr oft hätte ich nur allzu sehr gewünscht, dieses „ausnahmslos" hätte nicht zur Definition von Mitgefühl gehört!

Es kann viele lange Jahre des praktizierten Mitgefühls dauern, bis man aufhört, seine Kosten zu zählen, und dabei keinerlei Vorbehalte oder Sorgen mehr hegt. Damit soll nicht gesagt sein, man solle sich gar nicht mehr um sich selbst kümmern oder seine eigenen Gefühle verleugnen. Ganz im Gegenteil: Gerade der Mensch, der sich auch um sich selbst gut zu kümmern versteht, kann anderen das selbstloseste und großzügigste Mitgefühl anbieten. Schließlich sollen wir unsere Nächsten lieben „wie uns selbst" (Lk 10,27).

Beim Gedanken an die große Hingabe, die Mitgefühl abverlangen kann, muss ich spontan an Maria, die Mutter Jesu, denken, wie sie zu Füßen des Kreuzes stand. Sie stand dort mit dem größten Schmerz, den eine Mutter haben kann. Mitgefühl hatte ihren Sohn das Leben gekostet. Maria kostete ihr Mitgefühl eine Todestrauer, wie sie nur eine Mutter oder ein Vater um ein Kind empfinden können.

Die heutigen Übungen

Atemgebet

Einatmen: Ich stehe ...
Ausatmen: ... unter dem Kreuz.

Zur Meditation

Stehen Sie aufrecht, mit dem Becher in den Händen ...
Stellen Sie sich lebhaft vor, wie Gottes Mitgefühl Ihre Seele mit Liebe erfüllt ...
Dann denken Sie an jemanden (oder eine Gruppe), der leidet ...
Versuchen Sie, sich in dieses Leiden hineinzufühlen ...
Wenden Sie dem/den Betreffenden Ihre ganze liebevolle Sorge und Anteilnahme zu ...

Stehen Sie so zu Füßen des Kreuzes ...
Senden Sie dem/den anderen Hoffnung und Mut zu ...

Schriftwort

JOHANNES 19,25–27

„Bei dem Kreuz Jesu standen seine Mutter und die Schwester seiner Mutter, Maria, die Frau des Klopas, und Maria von Magdala ... Jesus sah seine Mutter und bei ihr den Jünger, den er liebte" (19,25f).

Für das Tagebuch

Wenn ich mir Maria, die Mutter Jesu, zu Füßen des Kreuzes vorstelle, dann ...
Einiges, das mich persönlich das Mitgefühl kostete ...

Gebet

Maria, Schmerzensmutter, das Leben deines Sohnes war ganz vom Mitgefühl geprägt. Auch dein Leben lehrt mich, mit anderen mitzufühlen, selbst wenn mich das einiges kostet. Hilf mir, mich zu Füßen des Kreuzes derer zu stellen, die in dieser Welt leiden, mit der gleichen Haltung der Liebe, mit der du unter dem Kreuz Jesu standest. Lass mich von deiner Liebe lernen, wie ich immer mehr ein Mensch der Liebe werden kann.

Übung während des Tages

Heute will ich mich ausdrücklich bei jemandem bedanken, der es sich einiges kosten ließ, mir Mitgefühl zu erweisen. Außerdem will ich mich unter das Kreuz eines anderen Menschen stellen, der mein Mitgefühl braucht.

Fünfter Tag

Aus dem Becher ausschenken

Jeder, der Gott etwas schenkt, wird erleben,
dass es, in Gold verwandelt, zu ihm zurückkehrt.

RUMI

Unser Leben verläuft so hektisch, dass unsere tiefsten Empfindungen des Mitgefühls und der Großherzigkeit oft von unserem ständigen Bemühen, alle Termine, Pflichten und Zeiten einzuhalten, überrollt werden. Wenn ich deswegen allzu sehr ins Hetzen komme, merke ich, dass ich verschlossen werde und nur noch um mich selbst kreise. Gelegentlich muss ich einen energischen Schritt machen oder ein Versäumnis in Kauf nehmen, um meinem selbst auferlegten Zwang zu entkommen, alles in meinem exakt durchgeplanten Terminkalender der Reihe nach gewissenhaft abzuhaken.

Ich will Ihnen das folgende Erlebnis erzählen, obwohl ich mich dessen schäme; aber ich lernte daraus etwas sehr Wertvolles. Einmal kam ich nach drei Wochen Abwesenheit heim und mich erwartete ein großer Stapel Post. Mich belastete dieser sehr und mir stand vor Augen, wie viel Zeit ich brauchen würde, um das alles zu öffnen, zu lesen und zu beantworten. Darunter war auch ein Umschlag mit einer Hörkassette. Es war kein Brief dabei und dem Absender konnte ich entnehmen, dass sie von einem mir unbekannten Absender stammte. Das ärgerte mich und voller Ungeduld dachte ich bei mir: „Wozu schickt mir dieser Mensch eine Kassette, die ich mir anhören soll? Einen Brief könnte ich schließlich viel schneller lesen."

So legte ich die Kassette erst einmal beiseite, und erst nach vielen Tagen nahm ich sie doch einmal her, um hineinzuhören. Es stellte sich heraus, dass sie von einer Blinden stammte und einen der kostbarsten Briefe enthielt, die ich je erhalten habe. Ich schämte mich sehr über meine anfängliche Reaktion. Da hatte mir jemand ein wunderbares Geschenk gemacht, und ich hätte es fast unbeachtet weggeworfen, nur weil ich mir nicht die Zeit dafür nehmen wollte. Ich war nur bereit gewesen, einen Fingerhut voll von meiner Zeit und Aufmerksamkeit für einen anderen Menschen auszugeben, wo mir doch Gott da einen riesigen Korb voller Einsichten und wertvoller Gedanken hatte zukommen lassen.

Jesus ermutigte seine Jünger zu großzügiger Liebe und versicherte ihnen, wenn sie verschwenderisch austeilen würden, werde auch das Maß dessen, was sie geschenkt erhielten, verschwenderisch groß sein. Was sie alles verschenkt hatten, würde, in Gold verwandelt, zu ihnen zurückkehren. Genau so ist es mit dem Mitgefühl. Wenn wir unser Mitgefühl großzügig ausgießen, statt es nur in spärlichen Tropfen abzugeben, kann uns das zu einer wunderbaren Erfahrung verhelfen: Meistens erhalten wir mehr zurück, als wir gegeben haben.

Nehmen Sie sich heute Zeit, genauer über Ihre Großzügigkeit und diejenige Gottes nachzudenken. Gab es in Ihrem Leben Erfahrungen, dass Sie zögerten oder Widerstand empfanden, etwas zu geben, und dann später feststellen mussten, viel mehr zurückerhalten zu haben?

Die heutigen Übungen

Atemgebet

Einatmen: Ich gebe ...
Ausatmen: ... und empfange.

Zur Meditation

Halten Sie den Becher in Ihren Händen ...
Schauen Sie genau, wie viel Platz er hat, der sich füllen lässt ...

Stellen Sie sich lebhaft vor, wie Gott in Ihr Herz Liebe gießt ...
Schauen Sie sich an, wie Ihr Herz von dieser Liebe voll ist ...
Denken Sie jetzt intensiv an jemanden, der leidet ...
Lassen Sie die Liebe aus Ihrem Herzen zu ihm hinströmen ...
Malen Sie sich aus, wie Ihre Liebe ganz zu diesem Menschen fließt
und sein ganzes Wesen erfüllt ...
Verweilen Sie schweigend und im Frieden ...

Schriftwort

LUKAS 6,37–38

„Gebt, dann wird auch euch gegeben werden. In reichem, vollem,
gehäuftem, überfließendem Maß wird man euch beschenken; denn
nach dem Maß, mit dem ihr messt und zuteilt, wird auch euch zu-
geteilt werden" (6,38).

Für das Tagebuch

Wenn jemand mir Mitgefühl erweist, dann ...
Gott verwandelte das, was ich gegeben hatte, für mich in Gold,
als ...
Eine der Situationen in meinem Leben, in denen ich dazu neige,
zurückhaltend zu sein und kein Mitgefühl anzubieten, ist ..., weil ...

Gebet

Gott, du verwandelst meine spärlichen Gaben in goldene Schätze.
Hilf mir, nicht zu zögern, wenn du mich den Anspruch spüren
lässt, Liebe als Mitgefühl zu erweisen. Du bist in deinem Mitgefühl
für mich so überschwänglich. Lass auch mich anderen gegenüber
großzügig sein.

Übung während des Tages

Ich will versuchen, aus dem Becher meiner Liebe und Güte
heute besonders großzügig auszuschenken.

Sechster Tag

Das Geschenk des Da-Seins

Einfach da zu sein ist ein Segen,
Einfach zu leben ist heilig.
ABRAHAM JOSHUA HESCHEL

Als ich anfing, als ehrenamtliche spirituelle Begleiterin im Hospiz für Sterbende mitzumachen, nahm ich mir zunächst vor, den Patienten mittels geführter Imaginationsübungen zur Entspannung zu verhelfen und sie innerlich an ihren Sterbeprozess heranzuführen. Aber ich merkte bald, dass das nicht ging. Die meisten dieser Männer und Frauen waren dazu nicht mehr in der Lage oder schon dem Koma nahe und konnten sich gar nicht mehr auf bestimmte innere Bilder konzentrieren. Der eine oder andere wollte zwar noch mit mir über seine Ängste und Sorgen sprechen, aber gewöhnlich waren sie ganz damit zufrieden, dass ich einfach da war und sie spüren ließ, dass sie nicht allein waren.

Diese Aufgabe fand ich viel schwieriger. Ich wollte deutlicher spüren, dass ich „nützlich" sei. Jedes Mal, wenn ich von einem Patienten wegging, fragte ich mich, ob sich diese Zeit überhaupt „gelohnt" habe – denn was hatte ich denn schon für den Patienten „getan"? Erst nach Monaten konnte ich völlig im Frieden damit sein, einfach bei dem betreffenden Menschen *da* zu sein. Jetzt sitze ich gern am Bett eines sterbenden Menschen. Ich weiß auch, dass ich von ihm genauso viel oder sogar noch mehr empfange, als ich ihm gebe. Er hilft mir, mich meiner eigenen Sterblichkeit zu stellen und vor dem Tod keine Angst mehr zu haben. Es ist ein ganz besonderes Erlebnis, bei jemandem zu sein, der seine letzten Vorbereitungen für die geheimnisvolle Reise auf die andere Seite des Lebens trifft.

Wir in der westlichen Welt sind in der Vorstellung getrimmt

worden, nur durch *Tun* könnten wir etwas bewirken. So müssen wir immer etwas Konkretes vorweisen, um unsere gute Absicht zu zeigen. Das Tun ist zwar durchaus ein wesentlicher Bestandteil christlicher Liebe, aber es bleibt ziemlich wirkungslos, solange damit nicht auch die Qualität des einfachen *Da-Seins* verbunden ist. Oft braucht der andere von unserer Fürsorge vor allem das ungeteilte Da-Sein. Wir mögen uns besser fühlen, wenn wir etwas für ihn *tun*, ihm etwas zum Essen reichen oder ihm ein Geschenk kaufen, aber wonach er sich in Wirklichkeit sehnt, ist jemand, der einfach bei ihm sitzt und sich seine Sorgen anhört.

Auch Jesus brauchte in seiner schmerzlichsten Stunde, als er im Garten von Getsemani betete, seine Jünger, damit sie bei ihm seien. Er sehnte sich nach dem Trost ihrer Anwesenheit und es schmerzte ihn sehr, dass sie es nicht schafften, sie ihm zu schenken. Jesus brauchte Petrus nicht dazu, um dem Knecht des Hohenpriesters ein Ohr abzuhauen. Er brauchte Petrus und die anderen vielmehr, damit sie dabei seien, wenn er sich seinen Gegnern stellte, sich ihnen auslieferte (Lk 22,39–46).

Auf eine Frage sollten wir uns heute einlassen: Habe ich das Selbstvertrauen, dass ich als der Mensch, der ich bin, genüge; dass ich nicht immer etwas *tun* muss, um jemandem mein Mitgefühl zu schenken?

Die heutigen Übungen

Atemgebet

Einatmen: Ich bin da ...
Ausatmen: ... einfach da.

Zur Meditation

Schauen Sie den Becher vor sich an ...
Achten Sie darauf, wie er einfach dasteht, und dann auch darauf, wie Sie bei ihm „da" sind, während Sie ihn anschauen ...

Wecken Sie jetzt bewusst die Vorstellung, wie Gottes Mitgefühl in Ihnen da ist ...
Empfinden Sie in Ihrem Herzen deutlich den Schmerz eines Ihnen bekannten Menschen ...
Seien Sie mit diesem Menschen und seinem Schmerz ...
Versuchen Sie, gar nichts zu „tun", sondern einfach bei ihm „da" zu sein ...
Fühlen Sie sich tief innerlich mit diesem Menschen verbunden ...

Schriftwort

MATTHÄUS 26,36–46

„Jesus sagte: Meine Seele ist zu Tode betrübt. Bleibt hier und wacht mit mir! ... Und er ging zu den Jüngern zurück und fand sie schlafend. Da sagte er zu Petrus: Konntet ihr nicht einmal eine Stunde mit mir wachen" (26,38. 40)?

Für das Tagebuch

Das Schwierigste daran, bei jemand anderem, der leidet, einfach da zu sein, ist für mich ...
Ein Augenblick, in dem ich es dringend gebraucht habe, dass jemand bei mir sei, war ....
Du mitfühlender Gott, ...

Gebet

Mitfühlender Gott, wenn ich zögere, einfach bei jemandem zu sein, so stärke mich.
Wenn ich zweifle, ob mein Da-Sein etwas nützt, bestärke mich darin.
Wenn ich meinen Wert durch Tun beweisen will, belehre mich eines Besseren.
Wenn ich die wirklichen Bedürfnisse eines Leidenden übersehe, wecke mich auf.
Wenn ich vergesse, wie gut es tut, einfach in Liebe da zu sein, erinnere mich daran.
Wenn ich vor dem Anspruch davonlaufe, *da zu sein*, hole mich zurück.

Schließen Sie damit, dass Sie mehrmals den Satz sprechen:
„Einfach da sein ist ein Segen."

Übung während des Tages

Ich will einfach da sein,
ohne in irgendeine Tätigkeit zu verfallen.

Siebter Tag

Rückblick und Auswertung

1 Gehen Sie noch einmal in Ruhe die vergangenen sechs Tage durch.

2 Unterstreichen Sie in Ihrem Tagebuch alles, was Sie mit seiner Wahrheit besonders anspricht und verweilen Sie dabei noch einmal.

3 Schreiben Sie eine kurze Zusammenfassung dessen, was im Lauf dieser Woche in Ihnen vorgegangen ist. (Oder Sie könnten dies stattdessen auch in Farben, Ton, Tanz usw. zum Ausdruck bringen oder einen Becher zeichnen und seiner Größe und Gestalt, seinem Aussehen und Inhalt Form geben, sodass er symbolisch darstellt, was Sie während dieser Woche erfahren haben.)

Zusätzliche Anregung

Finden Sie es schade, dass es jetzt „nur noch eine Woche" weitergeht? Fragen Sie sich, ob Sie während dieser fünf Wochen gut genug dabei waren? Bezweifeln Sie den Sinn und Wert Ihrer täglichen Übung? Wenn ja, dann denken Sie daran, dass es hier nicht darum geht, Fortschritte zu erleben, Ergebnisse zu erzielen oder ein gutes Gefühl zu haben. Auf dem spirituellen Weg geht es um die Beziehung zu Gott und darum, aus dieser Beziehung heraus das eigene Leben bewusst zu gestalten. Spiritualität ist der Ausdruck der Absicht unseres Herzens, mit Gott in Verbindung zu sein. Erneuern Sie diese Absicht jeden Tag und lassen Sie alle Sorgen, die Sie diesbezüglich vielleicht haben, in Liebe zu sich selbst los.

SECHSTE WOCHE

Der Becher des Segens

Zum Thema der Woche

Wohin immer du gehst,
es bleibt ein Segen zurück.

RUMI

Der bekannteste „Becher" in der Heiligen Schrift dürfte der „Becher des Segens" sein, von dem Paulus in 1 Kor 10,16 spricht: „Ist der Becher des Segens, über den wir den Segen sprechen, nicht Teilhabe am Blut Christi?" Dieser Begriff „Becher des Segens" stammt aus dem jüdischen Pascha-Ritus und gemeint ist damit nicht nur ein Becher, der gesegnet wird, sondern auch einer, der Segen enthält. Er enthält das Geschenk des Lebens.

Segnungen: Was ist das? Wie ergeben sie sich? Wie wirken sie sich auf uns aus? Im Wörterbuch wird „segnen" definiert als „etwas mittels eines religiösen Ritus oder mit Worten weihen oder heiligen; etwas heilig machen oder für heilig erklären". Jedoch bedeutet segnen nicht so sehr, etwas heilig zu machen, als vielmehr wahrzuhaben, dass darin bereits etwas Heiliges steckt. Die gesamte Schöpfung ist heilig, weil sie von Gott erschaffen ist. Irgendetwas Geschaffenes zu segnen, sei es ein Mensch oder ein Gegenstand, bedeutet, deutlich zu machen, dass dieser Mensch oder Gegenstand den Fingerabdruck Gottes trägt.

Worauf immer wir treten – wo immer wir sind – können wir ein Segen sein, falls wir uns der dieser Stelle innewohnenden Heiligkeit und Schönheit bewusst sind. Diese „Stelle", dieser „Ort" kann das Herz eines anderen Menschen sein, aber auch der Ast eines gerade knospenden Baumes oder eine pelzige Raupe, die eine Regenrinne hinaufmarschiert. Soll ein Segen uns wirklich das Leben und die Schönheit Gottes erschließen, so gehört dazu ganz wesentlich die Achtsamkeit auf den gegenwärtigen Augenblick. Das Sprechen eines Segens bedeutet genau genommen das Benennen einer bereits vorhandenen wunderbaren Wirklichkeit.

In der hebräischen Heiligen Schrift wird der Segen als etwas aufgefasst, das göttliches Leben mitteilt. Dieses Leben bringt Stärke, Ausdauer und inneren Frieden mit sich. Im Judentum wurden sehr oft Segensworte, *beraka*, gesprochen. Wenn die Juden beteten: „Gesegnet seist du, o Höchster...", so priesen sie dankbar alles, was Gott für sie getan hatte.

Segnungen wurden zu einer Vielzahl von Zwecken gesprochen: um die Fürsorge Gottes zu erbitten; um für jemanden zu beten; um einander Gutes zu wünschen; um Glück zu erbitten; um Schutz, Erhalt und Sicherheit zu erflehen; um den glücklichen Ausgang von etwas zu erbitten oder um sich gegenseitig zu bestätigen und zu ermutigen. Wann immer Gott segnet, führt das zur Fülle des Lebens und Guten. Ein eindrucksvolles Beispiel dafür ist die Schilderung im 2. Kapitel des Buches Genesis, wie Gott Abraham segnet und ihm mit diesem Segen verspricht, er werde unzählige Nachkommen haben, was also für die Fülle neuen Lebens steht.

Jeder Mensch und alles, was Gutes oder Göttliches in unser Leben bringt, sind ein Segen. Segnen heißt, das Angerührtwerden durch Gott bringen, das Berührtwerden von der Liebe und Güte, und man vermittelt das durch das eigene Da-Sein und auch Tun. Segnungen sind Grüße von Gott, die besagen: „Ich sorge mich um dich. Ich möchte das, was dir zum Guten gereicht. Du liegst mir am Herzen. Ich möchte, dass dein Leben von Liebe erfüllt ist."

Segnungen wirken nicht immer unverzüglich; sie sind nicht eine Art „Wohlfühl"-Wunsch. Zuweilen kleiden sich Segnungen auch in die Gestalt von Schmerz, zähem Ringen und Mühsal angesichts der Widerwärtigkeiten des Lebens. Erst später, wenn man zurückschaut, kann man erkennen, wie einem solche Zeiten und Ereignisse zum Segen gereicht haben.

Ich wünsche Ihnen für diese Tage, in denen Sie mit dem „Becher des Segens" meditieren, dass Sie eine ganz neue Achtsamkeit auf die zahllosen Segnungen entwickeln, über die Sie bereits verfügen. Werden Sie sich auch viel deutlicher bewusst, wie Sie selbst für das

Leben anderer Menschen durch die Liebe, die aus Ihnen und Ihrem Tun spricht, ein Segen sind. Vor allem aber mögen Ihre Liebe und Wertschätzung des Gebers aller Gaben, des allergrößten Segens, zunehmen.

Gott, immer wieder beschenkst
du mich reich.

Rufe mir immer wieder
all die heiligen Orte in Erinnerung,
an denen du in meinem Leben anwesend warst,
ganz unerwartet oft.

Reiche mir den Becher der Erinnerung,
in dessen Schale ich alles wiederfinde,
die Menschen, die Ereignisse,
die mich zu dir geführt haben.

Frische die Eindrücke auf,
die mein Geist schon empfing.
Wie oft gruben sich ihm
die Spuren deiner Liebe ein,
Erinnerungen gemeinsamer Zeit,
unauslöschlich
und doch allzu oft wieder verwischt.

Ich blicke auf mein Leben zurück,
die Geschichte meiner Jahre mit dir.
Öffne du mir die Speicher,
in denen Vergessenes lagert,
decke mir wieder auf,
was du schon alles gewirkt hast,
und erfülle mein Herz
mit dankbarer Ehrfurcht.

Herrlicher Gott,
wie du in deiner Güte
mich immer wieder segnest,
lässt mich fassungslos staunen,
machtvoll ist deine Gegenwart,
sie beschenkt mich jeden Augenblick reich.
Gesegnet seist du.
Gesegnet seist du.

JOYCE RUPP

Erster Tag

Der Becher des Segens

Segnen heißt, ein Stück deiner selbst in das legen, was
du segnest. Es heißt etwas oder jemanden durch deine
Gegenwart heiligen.

MACRINA WIEDERKEHR

Nicht nur geweihte Priester haben die Vollmacht zum Segnen. Jeder von uns kann segnen. Jeder von uns kann zudem ein Segen sein. Wenn wir jemanden segnen, ist es Gottes unermessliche Güte, sein Gott-Sein in uns, was den anderen segnet. Wenn wir einander segnen, berühren wir einander mit der Berührung dieses Gott-Seins. In der christlichen Heiligen Schrift wird Jesus nicht oft beschrieben, wie er segnet; er ist vielmehr der Segen in Person. Seine Gegenwart, seine Güte wecken Leben, Kraft, Heilung, Mut und frische Energie.

Schon unzählige Menschen haben mein Leben gesegnet. Die meisten von ihnen waren sich wahrscheinlich gar nicht dessen bewusst, dass sie das getan haben, es sei denn, ich habe mich ausdrücklich bei ihnen dafür bedankt. Gewöhnlich haben sie mich mit ihrem Lächeln gesegnet, ihrem liebevollen Blick, ihren Erzählungen und Ermutigungen, ihrer Mitsorge und Anteilnahme. Hie und da segnen sie mich auch mit einem ausdrücklichen Segen, der aus bestimmten Worten und Gesten besteht.

Einer dieser Menschen, der mein Leben besonders gesegnet hat, war eine ältere Frau namens EMILY, ein Mitglied meiner Servitinnen-Gemeinschaft. Ich hatte sie bei einer Einkehrzeit begleitet, und bei unserem Gespräch am letzten Tag empfand ich plötzlich den dringenden Wunsch, von ihr gesegnet zu werden. Damals war ich gerade dabei, mit dem Schreiben meines ersten Buches anzufangen, und fühlte mich noch sehr unsicher und verletzlich und voller ungelöster Fragen. Ich brauchte Kraft und Ermutigung. Und so hatte ich das Gefühl, meine Hände müssten unbedingt gesegnet werden.

EMILY ging spontan darauf ein. Sie ergriff meine Hände und hielt sie fest, mit den Handflächen nach oben. An die Worte, die sie sprach, erinnere ich mich nicht mehr. Mir ist nur noch lebhaft das tiefe Gefühl der Dankbarkeit und des Friedens in Erinnerung, das mich damals überkam. Ich spürte in mir Stärke und Mut aufsteigen. Da wusste ich, dass sie nicht nur an mich glaubte, sondern dass mich zudem ihre Güte, ihre Gegenwart, die in ihr steckende Kraft Gottes segnete. So reiste ich von dort mit neuer Ausdauer und frischer Hoffnung ab, im festen Glauben, dass das, was ich vorhatte, fruchtbar sein werde. EMILY starb einige Jahre nach dieser Begegnung an Krebs. Ich denke oft an sie, wenn ich meine Hände zum Schreiben benutze.

Vielleicht leben Sie derzeit in einer Situation, die Ihnen unschwer das Gefühl gibt, von allen Seiten gesegnet zu sein; oder Sie haben es schwer und fragen sich, ob Sie schon jemals andere gesegnet haben und selbst gesegnet worden sind. Ich hoffe aber, dass Sie in jedem Fall heute ein wenig innehalten und das Vertrauen auf die Möglichkeit und Kraft des Segnens in sich finden können.

Die heutigen Übungen

Atemgebet

Einatmen: Gottes Kraft in mir ...
Ausatmen: ... segnet andere.

Zur Meditation

Halten Sie den Becher in Ihren Händen ...
Umfassen Sie ihn fest ...

Vergegenwärtigen Sie sich die in Ihnen wohnende Kraft Gottes ...
Denken Sie an Menschen, von denen Sie gesegnet wurden ...
Wie taten sie das? ...
Dann denken Sie daran, wie Sie andere gesegnet haben ...
Danken Sie für die in Ihnen wohnende göttliche Segenskraft ...
Danken Sie für Ihre Fähigkeit zu segnen und dafür, gesegnet zu werden ...

Schriftwort

1 PETRUS 3,8–12

„... segnet; denn ihr seid dazu berufen,
Segen zu erlangen" (3,9).

Für das Tagebuch

Ich spüre die aus mir wirkende und andere segnende Kraft Gottes,
wenn ich ...
Folgende Menschen waren für mich ein besonderer Segen: ...
Du Gott des Segens, ...

Gebet

Gesegnet seist du, Gott, du Quelle aller Güte. Die Allgegenwart
deiner grenzenlosen Schönheit und unerschöpflichen Liebe segnet
mich in jedem Augenblick meines Daseins. Lass deine Güte aus
mir strahlen und lass alle, mit denen ich zusammenlebe, von deinem Segen berührt werden.

Übung während des Tages

Ich will heute bewusst jeden Menschen, dem ich begegne,
mit dem Geschenk meiner liebevollen Gegenwart segnen.

Zweiter Tag

Der Becher der Erinnerung

Wenn ich von hier anderswohin gehe, fühle ich mich
wie ein Vogel im Winter, der sich an die wunderbare
Wärme seines Frühlingsnests erinnert, um den Frost
nicht zu sehr zu spüren.

NANCY WOOD

An das Geschenk, uns erinnern zu können, denken wir vermutlich viel zu wenig; und dann kommen wir schließlich in ein Alter, in dem unsere Erinnerungen verblassen. Er-innerung befähigt uns dazu, uns alle die Situationen zu vergegenwärtigen, in denen wir gesegnet, das heißt von Gott berührt wurden. Gute Erinnerungen können uns Mut machen, an kalten Tagen Wärme spenden und die Hoffnung in unserem Herzen nähren. Sie bieten uns die Möglichkeit, miteinander in Verbindung zu bleiben. Gute Erinnerungen können uns stärken und erhalten.

Christen versammeln sich immer wieder zu einem Gedächtnis, wenn sie die Eucharistie feiern. Als Jesus beim Paschamahl, seinem letzten Abendmahl, das Brot und den Becher mit Wein segnete, sagte er zu denen, die seinem Herzen besonders nahe standen: „Tut dies zu meinem Gedächtnis" (Lk 22,19). Die Kraft dieses Augenblicks hat bis heute weitergewirkt, indem sie von einer Generation an die andere erinnernd weitergetragen wurde. Der Becher mit Wein wurde zum „Becher der Erinnerung", der die Geschichte dessen enthält, der sein Leben für die Menschen völlig ausgegossen hat. Er wurde zum Becher der Hingabe, der Liebe und des Einsseins. Dieser Becher hat schon unzähligen Menschen auf ihrem spirituellen Weg Kraft gegeben und ihre Hoffnung erneuert.

Unser Fähigkeit, uns zu erinnern, ist ein kostbares Geschenk. Wenn wir uns an all das erinnern, womit wir gesegnet wurden, wird unser Herz mit Dankbarkeit erfüllt. Ohne Erinnerungsvermögen könnten wir all das Gute, das uns widerfahren ist, gar nicht genügend verkosten. Ohne Erinnerungsvermögen könnten wir nicht von früheren schmerzlichen Erlebnissen geheilt werden. Erinnerung kann uns segnen, aber auch schmerzlich verfolgen; das hängt davon ab, was sich in unserem Inneren regt und wie wir es aufnehmen und damit leben. Wir alle verfügen über ein breites Spektrum an Erinnerungen. Manchmal kommen in uns recht unangenehme Erinnerungen hoch. Diese erfordern vielleicht unsere besondere Aufmerksamkeit, denn sie warten darauf, gesehen und verarbeitet zu werden und schließlich zur Ruhe zu kommen. Wir sollten dadurch so frei werden, dass wir unsere düsteren und schmerzlichen Erinnerungen loslassen, um uns auf die trostvollen und ermutigenden Erinnerungen konzentrieren zu können.

Verwenden Sie den heutigen Tag dazu, Ihre Erinnerungen durchzugehen. Lassen Sie sie alle der Reihe nach kommen. Halten Sie diejenigen besonders fest, die Ihre Kraft zum Guten fördern und verstärken. Genießen Sie sie. Lassen Sie sich von diesen gesegneten Erinnerungen mit frischer Hoffnung erfüllen.

Die heutigen Übungen

Atemgebet

Einatmen: Ich erinnere mich ...
Ausatmen: ... an deine Liebe.

Zur Meditation

Halten Sie den Becher des Segens in Ihren Händen ...
Schauen Sie, wie er sich mit Erinnerungen füllt ...

Wählen Sie eine Erinnerung aus, die voller Liebe und Segen ist ...
Lassen Sie dann von dieser Erinnerung ihr ganzes Wesen durch-
dringen ...
Nehmen Sie die frische innere Kraft, die sie Ihnen bietet, in vollen
Zügen auf ...
Schreiben Sie ein Wort, das diese Erinnerung bezeichnet, auf einen
Zettel ...
Legen Sie diesen für heute in Ihren Becher der Erinnerung ...

Schriftwort

DEUTERONOMIUM 4,9–20

„Nimm dich in Acht, achte gut auf dich! Vergiss nicht die Ereignisse, die du mit eigenen Augen gesehen, und die Worte, die du
gehört hast. Lass sie dein ganzes Leben lang nicht aus dem Sinn!
Präge sie deinen Kindern und Kindeskindern ein" (4,9).

Für das Tagebuch

Kehren Sie noch einmal zu den Erinnerungen zurück, die Ihnen
während des Meditierens mit Ihrem Becher der Erinnerung kamen.
Schreiben Sie all die Gedanken und Gefühle auf, die Sie für heute
in Ihrem Herzen bewahren möchten.
Inwiefern war diese Erinnerung ein Segen für Sie?

Gebet

Gott, du hast uns die Fähigkeit zur Erinnerung geschenkt. Ich
danke dir für meinen Vorrat an guten Erinnerungen. Lass mir diese
segensreichen Erinnerungen zur Quelle der Hoffnung und Inspiration für meinen Weg werden. Ich bitte dich, berühre heute mit deiner Güte und deinem Segen ... *(nennen Sie die Menschen, denen
Sie besonders Gottes Segen wünschen)*. Danke für all deinen Segen.

Übung während des Tages

Ich will heute eine bestimmte segensreiche Erinnerung
den ganzen Tag mit mir tragen
und mir von ihr Glück und Frieden
schenken lassen.

Dritter Tag

Der überfließende Becher

Du salbst mein Haupt mit Öl,
du füllst mir reichlich den Becher.
PSALM 23,5

Als ich vier oder fünf Jahre alt war, kam ich wieder einmal zu Besuch zu meiner Großtante Ida. Auf diese Besuche freute ich mich immer besonders, denn sie war eine ungemein gütige und großzügige Frau. Mir steht heute noch lebhaft vor Augen, wie sie an diesem Tag ihren Geldbeutel nahm, ihn aufmachte und alle Münzen, die darin waren, mir in die Hände schüttete. Es waren so viele, dass meine kleinen Händchen sie fast gar nicht alle fassen konnten. Die Überfülle dieser Münzen machte mich überglücklich. Ähnlich empfinde ich Gottes Großzügigkeit. Ich staune immer wieder neu darüber, wie mich Gott ständig mit seiner Sorge und Güte umgibt, ganz gleich, wie ich mich fühle oder was ich denke oder in welcher Gemütsverfassung ich bin, und auch ganz unabhängig davon, wie liebenswürdig oder widerwärtig ich mich gerade verhalte. Gott bietet mir immer sein in Liebe offenes Herz und seinen bergenden Frieden an. Darüber kann ich nur staunen.

Dieses göttliche Wesen ist ein grenzenlos Liebender, der die kleinen Hände meines Lebens ständig mit Gnade und Güte überschüttet und meinem Leben alles schenkt, was ich für meinen Weg brauche. Gottes Liebe ist sozusagen wie ein Fass (oder ein Becher) ohne Boden.

Halte ich gelegentlich inne und denke darüber nach, was mir im Leben alles geschenkt wurde, dann geht mir deutlich auf, dass Gottes Großzügigkeit mein Fassungsvermögen völlig übersteigt. Ich könnte mir noch so große Mühe geben, nie könnte ich all das, was er mir unablässig aus freien Stücken im Übermaß schenkt, wirklich „verdienen". Ich staune über das Geschenk meines inneren und äußeren Lebens. Ich staune über die Führung, die er mir jeden Tag neu gewährt. Ich finde es atemberaubend, wie die Welt beschaffen ist und funktioniert, etwa wie der Körper des Menschen sich selbst immer wieder heilt und erneuert. Ich betrachte das Universum und kann nur staunen, wie ungemein verschwenderisch der Schöpfer seine Farben, Formen, Muster und Gestalten ausgestreut hat. Ich denke an all die wunderbaren Menschen, denen ich begegnen durfte, jeder mit seiner einmaligen Gabe, an der er mir Anteil gab, und ich weiß zweifellos, dass ich durch sie von der göttlichen Liebe berührt worden bin.

Die Heilige Schrift spricht oft von der Überfülle Gottes. Es heißt von ihr, sie sei in unsere Herzen ausgegossen (Röm 5,5). Im Buch Joel wird gesagt, Gottes Geist werde über die gesamte Menschheit ausgegossen (Joel 3,1). In den Psalmen finde ich eine Vielzahl von Bildern, mit denen die Fülle der Gaben Gottes gepriesen wird. Auch unser eigenes Leben ist ein Zeugnis für die Großzügigkeit des göttlichen Gebers.

Verwenden Sie den heutigen Tag dazu, sich die wunderbare Fülle Gottes vor Augen zu halten und etliches von dem zu genießen, was Sie dabei neu entdecken.

Die heutigen Übungen

Atemgebet

Einatmen: Deine Liebe ...
Ausatmen: ... überströmt mich.

Zur Meditation

Stellen Sie Ihren Becher vor sich hin ...
Füllen Sie ihn bis zum Rand mit Wasser, dass er fast überläuft ...

Setzen Sie sich davor und schauen Sie, wie voll er ist ...
Schließen Sie die Augen und stellen sich vor, wie Sie genauso voll
von der Liebe Gottes sind ...
Nehmen Sie mit Ihrem ganzen Wesen diese Liebe in sich auf ...

Schriftwort

PSALM 36,5–9

„Gott, wie köstlich ist deine Huld!
Die Menschen bergen sich im Schatten deiner Flügel,
sie laben sich am Reichtum deines Hauses;
du tränkst sie mit dem Strom deiner Wonnen" (36,8f).

Für das Tagebuch

Mein Becher läuft über, wenn ...
Ich tue mich schwer, Gottes Überfülle anzunehmen, wenn ...
Großzügiger Gott, ...

Gebet

Verschwenderischer Gott,
atemberaubend Großzügiger,
Schenker alles dessen, was ich brauche,
ich danke dir für das Übermaß deiner Güte.
Ich preise dich für deine unerschöpflich strömende Liebe.
Mein ganzes Wesen verkündet deine Güte.

Übung während des Tages

Immer, wenn ich heute etwas in eine Tasse, ein Glas oder einen
Becher einschenke, will ich mich innerlich darüber freuen, wie
großzügig Gott mein Leben mit Segen erfüllt.

Vierter Tag

Verborgene Weisen des Segens

Indes wir schlafen, fällt Schmerz, den wir nicht vergessen können, Tropfen um Tropfen uns aufs Herz. Und gegen unsern Willen wächst in unserer Verzweiflung uns Dank der schrecklichen Gnade eines Gottes Weisheit zu.

AESCHYLOS

Im Nachhinein können wir feststellen, dass uns in besonders schwierigen und unerträglichen Situationen, die wir so schnell wie möglich aus unserem Leben zu bannen versuchten, einige der größten Segnungen unseres Lebens zuteil geworden sind. Zuweilen enthalten unsere schlimmsten Schmerzen für uns ein Geschenk, das sehr lange nicht ans Licht kommt. Der Segen ist ganz vom Aufgewühltsein, der Verwirrung, dem Schmerz und dem verzweifelten Ringen verdeckt. Zeitweise sind wir nicht in der Lage, diesen Segen wahrzunehmen, weil wir noch zu verletzt, zu wütend, zu traurig, zu überwältigt sind. Erst viel später kann es geschehen, die Gabe zu erkennen, die uns aus dem heraus zuteil wurde, was wir für den endgültigen Untergang unseres Glücks hielten.

Mein Bruder David ertrank mit dreiundzwanzig Jahren. Ich war damals fünfundzwanzig. Es sollte fünfzehn Jahre dauern, bis ich unter dem ganzen Schmerz und Leid darüber die Gabe zu entdecken vermochte. Sein Tod hatte mich dazu gebracht, über Abschiede, Verlust und Trauer zu schreiben. Mein Ringen mit dieser Katastrophe hat mich zu der Schriftstellerin werden lassen, die ich heute bin. Ich würde nie sagen, der Tod meines Bruders sei ein Segen gewesen; aber ich kann jetzt sagen, dass die Einsichten, die sich für mich daraus ergaben, und mein spirituelles Reifen Segnungen waren, die im ganzen Leid darüber verborgen waren und ans Licht kamen.

Wo immer jemand schmerzlich ringt, wartet auch ein Segen, der sich erschließen will. Die biblische Erzählung von Jakob, der mit einem Boten Gottes ringt, steht unter anderem auch symbolisch für unser eigenes Ringen mit den unerwünschten Seiten unserer selbst. Während der ganzen Nacht, das heißt Finsternis, ringt Jakob mit dieser unbekannten Gestalt (den unerwünschten Erfahrungen unseres Lebens). Jakob wird dabei verwundet (unsere Erinnerung an diese Erfahrung). Er ist weise genug, zu dem Engel zu sagen: „Ich lasse dich nicht los, bis du mich segnest" („Gib mir ein Stück Sinn, Hoffnung, Weisheit aus diesem mühsamen inneren Ringen"). Schließlich geht Jakob hinkend davon, aber er ist jetzt weiser als vor dem Kampf.

Zuweilen ergibt der Schmerz in unserem Leben keinen Sinn; aber irgendwann kommt dann doch ein tiefer Segen ans Licht, wenn man einmal einigen Abstand zum mühsamen Ringen gefunden hat und schließlich innerlich loslässt, was einem so viel Qual bereitet hat. Im Verlauf des Heilungsprozesses fängt man an, die darin enthaltenen Segnungen zu erkennen.

Verwenden Sie den heutigen Tag dazu, sich eine Erfahrung näher anzusehen, von der Sie wünschten, sie wäre Ihnen erspart geblieben, und zu überlegen, ob nicht auch darin irgendein Segen sein könnte.

Atemgebet

Einatmen: Göttliche Weisheit ...
Ausatmen: ... immer segnest du mich.

Zur Meditation

Nehmen Sie Ihren Becher in beide Hände ...
Stellen Sie sich in Richtung Osten, in die Richtung der aufgehenden Sonne, des Erwachens, der Einsicht, des neuen Lebens ...
Strecken Sie ihren Becher Gott, dem Spender der Weisheit, entgegen ...
Empfangen Sie die Weisheit aus Ihren verborgenen Segnungen ...
Dann halten Sie den Becher an Ihr Herz ...
Bleiben Sie einige Minuten in stillem Einssein mit sich selbst ...

Schriftwort

GENESIS 32,22–32

„Als Jakob allein zurückgeblieben war, rang mit ihm ein Mann, bis die Morgenröte aufstieg. Als der Mann sah, dass er ihm nicht beikommen konnte, schlug er ihn aufs Hüftgelenk. Jakobs Hüftgelenk renkte sich aus, als er mit ihm rang. Der Mann sagte: ‚Lass mich los ...' Jakob aber entgegnete: „Ich lasse dich nicht los, wenn du mich nicht segnest" (32,25–27).

Für das Tagebuch

Etwas, womit ich immer wieder ringe, ihm einen Sinn abzugewinnen versuche und mich frage, wie das je einen Segen enthalten könnte ...
Einige meiner zunächst verborgenen Segnungen, die mir nach und nach aufgingen ...
Du Allwissender, lehre mich ...

Gebet

Heilige Weisheit, schenke mir die Weite deiner Sicht. Hilf mir, meine Zeiten, in denen mir jeder Sinn abhanden kam, noch einmal gründlich zu überdenken und darin zu finden, was mir Weisung für meinen weiteren Weg sein kann. Du durchschaust die Oberfläche, die nur Trümmer bietet. So lass mich glauben, das unter dem, was ich am liebsten ganz aus der Welt schaffen möchte, noch Gaben auf mich warten. Ich danke dir für alle verborgenen Segnungen, die du mir hast zukommen lassen.

Übung während des Tages

Wenn mir heute eine ganz unerwünschte Erfahrung zuteil wird, will ich sie nicht wegwischen, sondern mich mit ihr so lange befassen, bis ich darin einen Segen erkenne.

Fünfter Tag

Der Becher des Dankes

Denn plötzlich, als ich diese Lichter sah, sagte ich mir selbst: Ivy, das ist dein Leben, dein wirkliches Leben, und das lebst du. Dein Leben fängt nicht erst später an. Das ist es, ist es jetzt. Es ist seltsam, dass jemand so beschäftigt sein kann, dass er darüber vergisst, dass es das ist. Das ist mein Leben.

LEE SMITH

Vor langer Zeit hörte ich einmal JEAN HOUSTON davon erzählen, wie sie zu einer Veranstaltung mit der blinden und tauben HELEN KELLER gegangen war. Nach dem Vortrag habe sie den Impuls verspürt, unbedingt mit HELEN KELLER sprechen zu müssen. So sei sie aufgestanden und habe ihr ins Gesicht schaut. JEAN HOUSTON beschrieb ihr damaliges Erlebnis so: „Sie las mein ganzes Gesicht ab und mir entfuhr es: ‚Miss Keller, warum sind Sie so glücklich?‘, und sie lachte und lachte und sagte: ‚Mein Kind, das tue ich deshalb, weil ich jeden Tag so lebe, als sei er mein letzter, und weil das Leben mit jedem seiner Augenblicke so voller Herrlichkeit ist.‘"

Ist es nicht eigenartig, wie wir einen Großteil unseres Lebens verpassen können? Der Schlüssel zur Dankbarkeit ist die Fähigkeit zum Staunen. Wenn wir unser Gespür für Staunen und Ehrfurcht verlieren und nur noch blind durch unsere Tage stapfen oder rasen, übersehen wir allzu leicht die Geschenke, die uns das Leben jeden Tag macht. Sind wir dagegen für all das wach, was sich in uns regt und um uns darbietet, und wenn wir jeden Tag das Leben ganz neu verkosten, schmecken und genießen, dann empfindet unser Herz viel größere Dankbarkeit für alles, womit wir gesegnet sind.

ANDREW HARVEY schreibt in seinem Buch *The Way of Passion (Der Weg des Leidens)*, wenn wir unsere Umgebung wirklich bewusst anschauen, würden wir täglich hundertmal angerührt: von den Blumen am Straßenrand, von den uns begegnenden Menschen, von allem, was für uns eine Botschaft über unsere eigene Güte und die Güte aller Dinge enthält. Dankbar sein heißt, die Güte bestätigen, wo immer man sie findet. Das Problem mit dem Dankbarsein besteht nicht darin, dass wir zu wenig Segen erfahren, sondern dass wir für die unzähligen Segnungen unseres Lebens nicht mehr aufmerksam sind.

Eine Übung hat mir viel geholfen, meine Dankbarkeit zu wecken, wenn sie müde geworden ist: Ich konzentriere mich abwechselnd jeden Tag auf einen einzigen meiner Sinne und nehme mit diesem möglichst vieles ganz bewusst wahr: Am einen Tag achte ich auf alle Geräusche, die ich höre, am nächsten auf alles, was ich sehe usw. Diese kleine Übung hilft mir, immer wieder aus meiner Unachtsamkeit dem Leben gegenüber aufzuwachen. Ich werde dadurch wieder deutlicher auf die Gaben aufmerksam, die mir jeder Tag schenkt, und beginne, das gesamte Universum als einen einzigen großen Segen zu erfahren.

Leben Sie hier und jetzt wirklich Ihr Leben? Oder warten Sie vorerst noch, bis es richtig anfängt?

Die heutigen Übungen

Atemgebet

Einatmen: Wach und achtsam ...
Ausatmen: ... danke, danke.

Zur Meditation

Nehmen Sie Ihren Becher und füllen Sie etwas hinein, was Sie besonders gern trinken ...

Hören Sie auf das Geräusch der Flüssigkeit beim Einschenken ...
Nehmen Sie ihn in die Hand und riechen den Geruch des Getränks ...
Schauen Sie sich das Getränk genau an: seine Farbe, seinen flüssigen Zustand usw. ...
Erfühlen Sie das Getränk in der Tasse ...
Trinken Sie es ganz, ganz langsam ...
Seien Sie sich des Segens Ihrer fünf Sinne bewusst ...
Danken Sie dafür ...

Schriftworte

PSALM 116,12–19; LUKAS 22,14–23
„Wie kann ich dem Herrn all das vergelten,
was er mir Gutes getan hat?
Ich will den Becher des Heils erheben
und anrufen den Namen des Herrn" (Ps 116,12f).
„Und Jesus nahm den Becher und sprach das Dankgebet" (Lk 22,17).

Für das Tagebuch

Am aufmerksamsten bin ich auf die täglichen Segnungen, die mir zuteil werden, wenn ...
Etwas, wofür ich dankbar bin, aber kaum einmal danke ...
Gütiger Gott, ich danke dir für ...

Gebet

Ich will dir danken, Herr, aus ganzem Herzen,
verkünden will ich all deine Wunder.
Ich will jauchzen und an dir mich freuen.
Singen will ich dem Herrn, weil er mir Gutes getan hat.
Denn seine Huld währt ewig (Ps 9,2f; Ps 13,6; Ps 118,29).

Übung während des Tages

Ich will diesen Tag so leben,
als wäre er mein letzter.

Sechster Tag

Der größte Segen

Das Finden geht endlos weiter. Gott kann man nie erschöpfend oder vollständig erkennen ... Aber zuweilen lässt sich etwas erkennen ..., denn zuweilen wird man der erhabenen Schönheit des göttlichen Lichts gewahr, und zwar dadurch, dass es in einem brennt.

CARYLL HOUSELANDER

In *The House of Rest (Im Haus der Stille)* von JESSICA POWERS findet sich ein wunderbares Gedicht, in dem sie Gott anspricht als „God of too much giving", den „Gott, der sich im Übermaß gibt". Hierauf spricht sie von sich als „von Gott trunken". Sie fühlt sich von überwältigender Freude erfüllt, weil ihr Gott „zu viele Becher" seiner göttlichen Güte gereicht habe. Ich erinnere mich, dass ich selbst diesem Zustand des „von Gott trunken sein" im Alter von Ende zwanzig bei einem Besuch in der Schweiz am nächsten kam. Ja, ich erinnere mich noch gut, wie ich auf einem Berggipfel in den Alpen saß und in absolutem Überwältigtsein auf die unermessliche Welt unter mir schaute. Ich war völlig von der Schönheit Gottes hingerissen und mir kam spontan das Lied „O God of Loveliness" in den Sinn.

Gott ist vor allem ein Wesen von überwältigender Schönheit. Diese Schönheit zieht mich an und weitet sich zu ewiger Güte. Gott als der geheimnisvolle Geliebte umwirbt uns für immer und sehnt sich danach, dass wir in reinster Liebe ganz mit ihm eins werden. Im Blick auf mein eigenes Leben schätze ich als den wunderbarsten Segen, der mir zuteil wurde, dass mir Gott an seinem eigenen Wesen Anteil gewährt. Dass ich fähig sein darf, diesen wunderbar schönen Gott zu erkennen, und dass er mich immer wieder an sich zieht und bei sich willkommen heißt, ist einfach überwältigend.

Ich erkenne, wie sich diese unermessliche Güte Gottes in den unterschiedlichsten Menschen und in allen Facetten des Universums spiegelt, die von der Güte ihres Schöpfers zu mir sprechen. Alle sind ein Widerschein der Schönheit Gottes. Alles ist ein Gefäß, das eine Offenbarung des Schöpfers enthält. Ich kenne diese Schönheit auch in meinem eigenen Inneren, aus den schweigenden Begegnungen in der Tiefe meines eigenen Wesens. Verspürt nicht jeder für einen Augenblick diesen seltenen Segen, von Gott angerührt zu werden? So kurz das auch sein mag, es genügt, um uns darauf aufmerksam zu machen, dass es unterhalb alles Chaotischen eine allem zu Grunde liegende Harmonie gibt. Es gibt eine ewige Schönheit, die alles Leben in das einzige große Muster der Liebe einwebt.

Alle Erfahrungen Gottes, gleich in welcher Form, sind reines Geschenk. Alle Augenblicke der Begegnung mit dieser göttlichen Schönheit werden uns aus bedingungsloser Liebe zuteil.

Zum Abschluss dieser sechs Wochen möchte ich uns noch einmal lebhaft in Erinnerung rufen, dass wir von einem Gott umhüllt sind, der uns als seine „Geliebten" bezeichnet, einem Gott, der „unser Erbe ist und uns den Becher reicht" (Psalm 16,5). Was könnten wir uns mehr wünschen?

Die heutigen Übungen

Atemgebet

Einatmen: Unfasslicher Gott ...
Ausatmen: ... du liebst mich.

Zur Meditation

Legen Sie die Hände um Ihren Becher ...
Stellen Sie sich vor, wie Sie von Gottes Händen umfasst sind ...

Lassen Sie sich von der Schönheit Gottes umhüllen ...
Ruhen Sie in Gottes tröstenden Händen aus ...
Lassen Sie sich ganz in die Güte Gottes hineinziehen ...
Nehmen Sie die ganze Welt dort hinein mit ...
Lassen Sie sich von der Liebe Gottes mit Frieden erfüllen ...
Verweilen Sie in dieser ewigen Schönheit, so lange es geht ...

Schriftwort

KOLOSSER 2,1–4; RÖMER 11,33–36

„... das göttliche Geheimnis ... In ihm sind alle Schätze der Weisheit und Erkenntnis verborgen" (Kol 2,2f).
„O Tiefe des Reichtums, der Weisheit und der Erkenntnis Gottes" (Röm 11,33)!

Für das Tagebuch

Für mich ist das Wunderbarste an Gott ...
Auf folgende Weisen habe ich ganz besonders die Schönheit Gottes erlebt ...
Liebenswürdiger Gott, ...

Gebet

Stellen Sie sich mit weit ausgebreiteten Armen und offenen Augen hin. Sprechen Sie laut alle Namen und Eigenschaften Gottes, die Ihnen in Herz und Sinn kommen. Nehmen Sie das als Litanei des Lobpreises und der Danksagung für das Geschenk Gottes in Ihr Leben. Wenn Ihre Litanei fertig ist, verschränken Sie die Hände über dem Herzen und verneigen Sie sich.

Übung während des Tages

Ich will immer wieder einmal meine Hand aufs Herz legen, mich im Geist mit Gottes Schönheit in meiner Seele und meiner Welt vereinen und ihm danken.

Siebter Tag

Rückblick und Auswertung

1 Gehen Sie noch einmal in Ruhe die vergangenen sechs Tage durch.

2 Unterstreichen Sie in Ihrem Tagebuch, was Sie mit seiner Wahrheit besonders anspricht, und verweilen Sie dabei noch einmal.

3 Schreiben Sie eine kurze Zusammenfassung dessen, was im Lauf dieser Woche in Ihnen vorgegangen ist. (Oder Sie könnten dies stattdessen auch in Farben, Ton, Tanz usw. zum Ausdruck bringen oder einen Becher zeichnen und seiner Größe und Gestalt, seinem Aussehen und Inhalt Form geben, sodass er symbolisch darstellt, was Sie während dieser Woche erfahren haben.)

Zusätzliche Anregung

Vielleicht verspüren Sie den Wunsch, in der nächsten Woche oder Zeit die jetzt abgeschlossenen sechs Wochen noch weiter nachklingen zu lassen. Halten Sie einfach inne, wenn Sie spüren, dass Sie von oder zu etwas inspiriert verweilen möchten. Schreiben Sie in Ihr Tagebuch die Gedanken und Gefühle auf, an die Sie sich gern erinnern würden.

Ich möchte Ihnen ferner die Anregung geben, zum Abschluss Ihres Rückblicks auf diese sechs Wochen einen Becher zu zeichnen, in der einiges von dem zum Ausdruck kommt, was Sie während dieser sechs Wochen erspürt haben und Ihnen aufgegangen ist. Eine andere Möglichkeit, die kostbarsten Elemente dieser sechs Wochen zu sammeln, könnte darin bestehen, kurze Sätze auf Zettel zu schreiben und diese in Ihren „Becher des Lebens" zu legen. Sie könnten dann immer wieder auf die Erfahrungen dieser sechs Wochen zurückgreifen, indem Sie sich regelmäßig einen dieser Zettel herausnehmen und ihn einen Tag lang bei sich tragen.

Vor allem hoffe ich, dass Sie sich immer wieder dazu angeregt fühlen, mit Gott und mit der Welt in Verbindung zu treten, sooft Sie einen Becher oder sonst ein Gefäß verwenden. Möge es Ihnen gelingen, sich immer wieder von den ganz gewöhnlichen, Sie tagtäglich umgebenden Dingen Ihres Alltags auf Gott hinlenken zu lassen. Und Ihr Durst nach Gott möge stark genug sein, dass er Sie dazu bewegt, Ihrem spirituellen Weg die Treue zu halten.

Übungen in der Gruppe

Vorbemerkung des Herausgebers

Während sie an diesem Buch schrieb, übte JOYCE RUPP mit einer Gruppe von Männern und Frauen in Des Moines in Iowa. Die Gruppenmitglieder verwendeten die Texte des Buches zunächst täglich allein für sich und kamen dann jeweils am Ende einer Woche zum Erfahrungsaustausch und gemeinsamen Gebet zusammen. Die Autorin fand diese Vorgehensweise für die Endfassung des Buches sehr hilfreich.

Es ergab sich daraus, dass dieses Buch sich auch sehr gut für die Verwendung in einer Gruppe eignet, etwa für Gebets- oder Bibelgruppen und überhaupt alle Gruppen, die sich regelmäßig zu spirituellen Übungen treffen.

So werden in der Folge Vorlagen für die Gebetstreffen solcher Gruppen geboten. Jede Einheit führt das Thema einer der sechs Wochen fort und enthält zudem auch Fragen über die Erfahrungen der vergangenen Woche, über die man sich dann austauschen kann. Es ist günstig, dafür einen Gruppenleiter vorzusehen, der bzw. die ein Mitglied der Gruppe sein kann oder die Person, die gewöhnlich die Treffen moderiert. Man sollte sich wenigstens eine Stunde, bei Bedarf auch mehr Zeit für das gemeinsame Überdenken und Besprechen in der Gruppe nehmen.

Man kann die Treffen außerdem mit thematisch passenden Liedern umrahmen.

Fragen für den Austausch bei jedem Treffen

Die folgenden Fragen sind Vorschläge, wie Sie jede Woche in den Austausch einsteigen können. Dazu werden dann für jede Woche an ihrer Stelle noch spezifische Fragen zum jeweiligen Thema vorgeschlagen.

- Versuchen Sie, knapp zusammenzufassen, was Sie aus Ihren Übungen der letzten Woche erfahren haben.
- Wenn Sie diese Woche noch einmal überdenken: Welcher Tag war für Sie
  - der einsichtsreichste?
  - der schwierigste?
  - der stillste?
  - der anregendste?
- Kamen Ihnen irgendwelche Fragen, die Sie gern in die Gruppe bringen möchten?
- Gibt es etwas anderes, was Sie aus Ihrer täglichen Übungszeit in die Gruppe einbringen möchten?

Weitere Hinweise zum Austausch

Bitte achten Sie sorgfältig darauf, dass Sie einander zuhören. Lassen Sie jedem Gruppenmitglied ausgiebig Zeit und Gelegenheit, alles zu sagen, bevor jemand ein zweites Mal etwas sagt. Denken Sie auch daran, dass eine Zeit des Austauschs nicht dazu gedacht ist, Probleme zu besprechen und zu lösen. Der Zweck des Treffens besteht nicht darin, jemandes persönliche Probleme zu lösen, sondern einander zuzuhören sowie einander gegenseitig auf dem spirituellen Weg zu ermutigen, indem man ganz füreinander präsent und beieinander ist.

Erste Woche

Der Becher des Lebens

Für den Leiter
Stellen Sie auf ein niedriges Tischchen mitten im Kreis der Gruppe einen mit Wasser gefüllten Glaskrug und daneben eine brennende Kerze.
Laden Sie die Teilnehmer ein, sich der Reihe nach vorzustellen und zu erläutern, weshalb sie genau diese Tasse für die Wochen dieses Kurses gewählt haben. Jeder, der damit fertig ist, stellt seine Tasse auf das Tischchen.
Es schließt sich das folgende Gebet an.

Eröffnung

Gemeinsames Gebet

Gott, du Quell der Liebe und des Lebens, unablässig gießt du deine Liebe in den Becher unseres Lebens, die uns stärkt und verwandelt. Deine Liebe fällt wie Regen auf dürstendes Land. Sie vermischt sich mit der unsrigen zu einer einzigen Kraft. Wir brauchen die Kraft deiner Gegenwart, um wachsen und uns verändern zu können. Das Geschenk deiner Liebe befähigt uns, uns auf den ständigen Prozess, im Geist verwandelt zu werden, einzulassen. Wir danken dir dafür und wollen bereit sein, mit deiner Hilfe zu wachsen.

Leiter

Halten wir jetzt eine Stille und konzentrieren uns auf das Leben Gottes in uns.

Atemgebet

Einatmen: Göttliches Leben ...

Ausatmen: ... du erfüllst mich ganz.

Nach 2 bis 3 Minuten stillen Gebets singt die Gruppe gemeinsam ein Lied.

Leiter

Gott, begleite und lenke du jetzt unseren Austausch. Wir wollen uns darauf besinnen, dass du in uns und mitten unter uns wohnst. Hilf uns, aufmerksam aufeinander zu hören.

Austausch
(siehe oben: Fragen für den Austausch)

Weitere Fragen

- Was empfindest du bei der Aussage, du seist Gottes Liebeslied? Beeinflusst sie deine Art zu leben?
- Wann merkst du am deutlichsten, dass Gott in dir wohnt? In anderen?
- Wie würdest du deine Erfahrung beschreiben, dass Gottes Kraft in dir wirkt?
- Empfindest du irgendwelche Schwierigkeiten mit „festen Regeln" für deine spirituelle Praxis? Welche Art von festen Regeln hast du als hilfreich empfunden?
- In welcher Hinsicht hat dir dein Becher in dieser Woche etwas gesagt?

Segen über das Wasser

Lesen Sie gemeinsam Psalm 63,1 vom 6. Tag.
Hierauf nimmt der Leiter den Glaskrug mit Wasser und hält ihn hoch, indes alle Teilnehmer die Hand in seine Richtung ausstrecken, um das Wasser zu segnen.

Vorleser
(die Gruppe wiederholt gemeinsam nach ihm Zeile um Zeile)

Gott, der du mit deiner Gegenwart in uns wohnst,
dieses Wasser hier vor uns soll uns
an deine Leben spendende Kraft erinnern.
Mach uns zu Gefäßen deiner Liebe
und lass sie uns weiterschenken an andere.
Lege deinen Segen auf uns und auf dieses Wasser.

Der Leiter lädt die Anwesenden ein, ihren Becher in die Hand zu nehmen und ihn mit dem gesegneten Wasser füllen zu lassen. Er gießt jedem ein wenig davon in den Becher. Sind alle Becher gefüllt, strecken alle, auch der Leiter, ihre Becher zur Mitte, und der Leiter spricht:

Nehmt dieses gesegnete Wasser.
Der Trank aus diesen Bechern
erfrische unseren Körper und Geist.

Alle trinken langsam und bedächtig das gesegnete Wasser.

Gemeinsames Gebet

Gott, in deiner Güte schenke mir dich selbst,
denn nur du kannst mir genügen.
Ich kann nicht um weniger bitten,
das dir voll die Ehre geben würde,
und wenn ich um etwas bitten würde,
was weniger wäre,
bliebe ich immer noch bedürftig.
Nur in dir habe ich alles.
Juliana von Norwich

Alle geben einander ein Zeichen des Friedens.

Abschluss

Als Abschluss bietet sich die folgende geführte Imaginationsübung zum Thema „Ich empfange den Becher" an.

Wende dich nach innen ... bis du einen stillen Ort findest und zur Ruhe kommst ... Ein kleine Menschengruppe kommt auf dich zu ... Sie begrüßen dich sehr herzlich ... und laden dich ein, mit ihnen in einen Wald zu gehen ... Ihr geht gemeinsam in den Wald ... Nach einiger Zeit kommt ihr an eine Wasserquelle, davor ist ein kleiner Weiher ... Deine Begleiter bitten dich, hier am Wasser zu warten und lassen dich allein ... Du siehst dich um und bewunderst die Schönheit des Waldes und des Weihers ... Da siehst du von weitem eine Gestalt – ist es ein Mann? eine Frau? – auf dich zukommen ... Die Gestalt kommt näher und du spürst, wie etwas Weises und Gütiges von ihr ausgeht ... Sie heißt dich willkommen ... Lange schon habe sie auf dich gewartet ... Sie lädt dich ein, dich mit ihr an den Weiher zu setzen. Du sitzt einige Zeit still neben ihr ... *(Längere Pause).*

Darauf stellt dir die geheimnisvolle Gestalt einige Fragen und hört sich aufmerksam deine Antworten an:

„Was ist derzeit deine größte Freude?" ... *(Längere Pause)*
„Was ist derzeit deine größte Schwierigkeit?" ... *(Längere Pause)*
„Was tröstet dich derzeit am meisten?" ... *(Längere Pause)*

Die Gestalt nickt dir zu und hört, was du über deine Segnungen und deine Nöte erzählst ... Dann seid ihr still ...

Hierauf holt sie einen wunderbaren Becher hervor und gibt ihn dir ...

Er ist durchsichtig, mit wunderschönen Gravuren verziert ...

Du hältst den Becher in der Hand ... schaust hinein ... und siehst darin etwas für dein Leben sehr Bedeutungsvolles ...

Bitte die geheimnisvolle Gestalt, es dir genauer zu erklären ... *(Längere Pause).*

Du hältst immer noch den Becher ...
Die geheimnisvolle Gestalt bedeutet dir aufzustehen ... und umarmt dich zum Abschied ...
Du behältst den Becher und gehst langsam den Weg zurück, den du gekommen bist ... Halte den Becher beim Heimgehen an dein Herz ... und komm allmählich wieder hierher zurück ...

Vielleicht möchte die Gruppe den Abend mit einem Lied ausklingen lassen.

Zweite Woche

Der offene Becher

Für den Leiter
*Stellen Sie mitten auf den Tisch eine brennende Kerze
und dazu zwei Becher, der eine normal und aufnahmebereit, der andere umgestülpt und damit verschlossen.
Nach dem Eröffnungsgebet stellen auch alle Teilnehmer
ihre Becher dazu.*

Eröffnung

Leiter

Wir beginnen so, dass wir zunächst unseren Becher in beiden Händen halten und sehen, wie er leer ist. Wenden wir uns von da aus
unserer derzeitigen inneren Welt zu: Ist unser Becher des Lebens
leer? Halb voll? Bis an den Rand voll? Was braucht dieser Becher
noch? Was muss geschehen, damit er sich leert?

Kurze Stille zur Besinnung. Dann der Leiter:

Jeder von euch ist eingeladen, mit einem kurzen Wort oder Satz zu
sagen, was er oder sie in seiner Tasse sieht. (Nur mit einem Wort
oder Satz. Zeit zum weiteren Austausch wird gleich noch sein.)
Nehmt euch erst noch einmal kurz Zeit, damit dieses Wort oder
dieser Satz kommen kann, und dann sprecht es aus ...

Leiter

Gott, begleite und lenke du jetzt unseren Austausch. Wir wollen
uns darauf besinnen, dass du in uns und mitten unter uns wohnst.
Hilf uns, aufmerksam aufeinander zu hören.

Austausch

(siehe oben: Fragen für den Austausch)

Weitere Fragen

* Womit bist du gerade innerlich vollgestopft?
* Hat das Hin und Her von „leer werden und sich füllen lassen" etwas mit deiner Lebenserfahrung zu tun?
* Hast du es fertig gebracht, in deinem Tageslauf einige Zeit für dich allein zu finden?

Der Leiter sitzt mit der Gruppe im Kreis. Alle haben die Hände in den Schoß gelegt, Handflächen nach oben, offen und bereit zum Geben wie zum Empfangen. Der Leiter spricht: „Gott, du allein genügst mir."
Jeder im Kreis, die/der das möchte, kann es nachsprechen.

Gebet um Offenheit

Reichen Sie diesen Text reihum, damit jeder einen Abschnitt vorliest. Den letzten Abschnitt liest jeder einzeln vor.

Geist der Freiheit,
öffne mir Geist und Herz.
Durchbrich die Schranken,
hilf mir, meine Fixierung auf bestimmte Wünsche abzulegen,
damit ich nicht nur meinen Willen verfolge,
sondern für den deinen offen bin.

Gott, du kannst mir innere Weite schaffen.
Hilf mir, innerlich leer zu werden.
Lass mich ausräumen, was mich verstopft,
weite meine Fähigkeit zum Empfangen.

Du bringst uns die Wahrheit.
Nimm von mir alles, was mich hindert,
dir immer näher zu kommen.

Hilf mir zu erkennen und anzunehmen,
was mich innerlich wirklich weiterbringt.
Du führst unser Leben durch verschiedene Jahreszeiten.
Lockere meinen Widerstand gegen das Leerwerden.
Hilf mir, jede Jahreszeit anzunehmen
und zu spüren, wie sie zu meiner Verwandlung beiträgt.

Du bist der treue Freund.
Vertiefe mein Vertrauen in dich.
Behebe meine Zweifel, Ängste und Mutlosigkeit.
Wenn ich mich bedroht fühle,
lass mich daran denken, dass du mein sicherer Hort bist.

Du göttliches Geheimnis,
verwurzle mich immer tiefer in dir.
Führe mich ins Alleinsein.
Locke mich immer mehr in die Begegnung mit dir,
in der ich mein Einssein mit dir erfahre.

Du flüsterst ganz leise.
Öffne mir die Ohren des Herzens.
Lass mich deine Stimme im Schweigen hören
und auch mitten im Gelärme meines Lebens.
Wecke mich immer wieder auf,
damit ich dich mit ganzem Herzen zu hören vermag.

Geber alles Guten und Grund unseres Wachstums,
wir möchten gerne offen und empfänglich sein
für das, was du uns in Überfülle schenken willst.
Hilf uns, im Kreislauf von Geleert- und Gefülltwerden
fest auf dich zu vertrauen.

Segenswort

*Der Reihe nach geht jeder in der Gruppe zu jedem und spricht ihm
als Segen zu: „Möge Gott dir genügen."*
Lied

Dritte Woche

Der angeschlagene Becher

Für den Leiter
Stellen Sie mitten auf den Tisch eine brennende Kerze.
Ordnen Sie rings darum etliche Gegenstände in ziem-
lich unvollkommenem Zustand an, zum Beispiel einen
abgebrannten Kerzenstumpf, ein angeschlagenes oder
rissiges Geschirrstück, ein verschlissenes oder fleckiges
Geschirrtuch, den zerfledderten Schutzumschlag eines
Buchs, ein löchriges Baumblatt, ein fleckiges Stück Sil-
berbesteck ...

Eröffnung

Laden Sie alle ein, der Reihe nach hinzuzutreten und ihren Becher
auf den Tisch mit den abgenutzten Dingen zu stellen. Beim Hin-
stellen soll jeder seinen Namen sagen. Stehen alle Becher auf dem
Tisch, breiten alle ihre Hände darüber aus. Der Leiter betet dabei:

Gott unser Schöpfer, wir kommen zu dir mit unseren Schwächen
und Stärken, mit unseren lichten und mit unseren finsteren Seiten.
Wir bitten um deinen Segen über uns und diese Becher, mit denen
wir jeden Tag im Gespräch sind mit dir und uns selbst. Hilf uns,
uns selbst anzunehmen und zu lieben und zu immer größerer
Ganzheit zu finden.

Atemgebet (etwa 2 bis 3 Minuten lang)
Einatmen: Du in mir ...
Ausatmen: ... Ich in dir.

Es ist an der Zeit

Nehmen Sie das Gedicht aus der Einleitung zur dritten Woche „Es ist an der Zeit, meine Mängel zu sehen".

Reihum liest jeder einen Abschnitt, den letzten sprechen alle gemeinsam.

Leiter danach

Gott, begleite und lenke du jetzt unseren Austausch. Wir wollen uns darauf besinnen, dass du in uns und mitten unter uns wohnst. Hilf uns, aufmerksam aufeinander zu hören.

Austausch
(siehe oben: Fragen für den Austausch)

Weitere Fragen

- Spielt in deinem Leben „Perfektionismus" eine Rolle?
- Was hast du über deinen Schatten erfahren?
- Von wem hast du Barmherzigkeit erfahren?
- Fühlst du dich auf deinem spirituellen Weg unter dem Druck eigener oder fremder Erwartungen an dich? Inwiefern?
- Auf welche Weise bemühst du dich in deinem Leben um Weisheit?

Abschluss
(Setzen Sie sich im Kreis, falls Sie nicht schon so sitzen.)

Austausch über die eigenen Stärken und Schwächen – Der Leiter lädt die Teilnehmer ein, über ihre inneren Stärken nachzudenken. Hierauf soll jeder eine seiner Stärke nennen (reihum nur mit jeweils ein, zwei Worten). Dazu erfolgt kein Kommentar. Alle Worte werden in schweigsamem Respekt angenommen ...

Danach lädt der Leiter die Teilnehmer ein, über ihre Schwächen („Macken", „Mängel") nachzudenken. Dann soll jeder eine seiner Schwächen nennen. Dazu erfolgt kein Kommentar. Jede mitgeteilte Schwäche wird in schweigsamem Respekt angenommen ...

Anschließend bildet die Gruppe einen Kreis und hält sich an den Händen. Dann sprechen alle gemeinsam reihum jeden Einzelnen mit den Worten an: „N. (Name der/des Betreffenden), du bist Gottes geliebter Mensch."

Segenswort

Beschließen Sie die Feier damit, dass jeder jedem ein Zeichen des Friedens gibt.

Vierte Woche

Der zerbrochene Becher

Für den Leiter
Stellen Sie mitten auf den Tisch einen Becher, eine brennende Kerze und ein Kreuz. Verteilen Sie etliche Heftpflaster über den Tisch, eines für jeden Anwesenden.

Eröffnung

Der Leiter lädt die Teilnehmer ein, sich plastisch vorzustellen, wie sie unter den Flügeln Gottes geborgen sind. Dazu nehmen sie sich 2 bis 3 Minuten Zeit.
Es kann sich ein thematisch passendes Lied anschließen.
Dann lädt der Leiter alle ein, sich der Reihe nach ein Pflaster vom Tisch zu nehmen.
Alle sitzen still und denken an eine Wunde oder Verletzung bei sich selbst oder jemand anderem, die der Heilung bedarf ...
Dann werden die Teilnehmer gebeten, das Pflaster auf ihren Becher zu kleben.

Leiter

Gott, begleite und lenke du jetzt unseren Austausch. Wir wollen uns darauf besinnen, dass du in uns und mitten unter uns wohnst. Hilf uns, aufmerksam aufeinander zu hören.

Austausch

(siehe oben: Fragen für den Austausch)

Weitere Fragen

• Wann hast du dich wie eine zerbrochene Tasse gefühlt?

• Welcher Art sind deine Widerstände gegen Gott?

• Beschreibe ein Erlebnis, wie du von einer inneren Verletzung geheilt wurdest.

• Glaubst du, dass es das gibt: dass eine „Tasse" endgültig nicht mehr „zu kitten" ist?

• Welche Gebetsweise ist dir in Zeiten, wenn du dich verletzt fühlst, am hilfreichsten?

Abschluss

Alle Teilnehmer nehmen ihre Tassen in die Hand. Der Leiter gibt jedem einen Zettel, auf den jeder seinen Namen schreibt. Hierauf legt man den Zettel in seine Tasse, zum Zeichen dafür, dass Gott uns birgt und schützt.

Zum Schluss sprechen alle gemeinsam Psalm 32,7:

„Du bist mein Schutz, bewahrst mich vor Not;
du rettest mich und hüllst mich in Freude."

Beten Sie dann die folgenden Psalmverse, wobei wieder reihum jeder einen Vers vorliest oder der Leiter Vers für Vers vorspricht und alle sie nachsprechen:

„Sei mir gnädig, o Gott, sei mir gnädig;
denn ich flüchte mich zu dir.
Im Schatten deiner Flügel finde ich Zuflucht,
bis das Unheil vorübergeht" (57,2).

„Meine Stärke, an dich will ich mich halten,
will über deine Huld mich freuen am Morgen,
denn du bist eine Burg für mich.

Meine Stärke, dir will ich singen und spielen,
denn du bist mein huldreicher Gott" (59,10. 17f).

„In deinem Zelt möchte ich Gast sein auf ewig,
mich bergen im Schutz deiner Flügel" (61,5).

„Wer im Schutz des Höchsten wohnt
und ruht im Schatten des Allmächtigen,
der sagt zum Herrn: Du bist für mich Zuflucht und Burg,
mein Gott, dem ich vertraue" (91,1f).

„Der Herr ist dein Hüter, der Herr gibt dir Schatten;
er steht dir zur Seite.
Der Herr behüte dich, wenn du fortgehst und wiederkommst,
von nun an bis in Ewigkeit" (121, 5. 8).

„Lass mich deine Huld erfahren am frühen Morgen;
denn ich vertraue auf dich.
Zeige mir den Weg, den ich gehen soll;
denn ich erhebe meine Seele zu dir" (143,8).

„Der Herr heilt die gebrochenen Herzen
und verbindet ihre schmerzenden Wunden" (147,3).

*Bilden Sie einen Kreis und halten einander an den Händen. Der
Leiter nimmt das Kreuz vom Tisch, und alle reichen es von einem
zum anderen. Wer das Kreuz in die Hand nimmt, hält es kurz und
nennt den Namen von jemandem, der verletzt ist und der Heilung
bedarf.*

Leiter

Gesegnet seist du, Gott unser Heiler. Immer birgst du uns in deinem Schutz. Heile all die, die wir heute Abend genannt haben. Hilf
uns, deine heilende Liebe zu allen zu tragen, mit denen wir zusammen leben und arbeiten. Lass die Kraft deiner Gegenwart aus uns
wirksam werden. Gesegnet seist du, Gott unser Heiler, gesegnet
seist du.

Segenswunsch

Alle wenden sich einzeln einander zu, zeichnen sich gegenseitig
das Kreuz auf die Stirn und sprechen dazu ein Wort des Trostes
oder der Ermutigung: „Friede sei mit dir ..."

Fünfte Woche

Der Becher des Mitgefühls

Für den Leiter
Stellen Sie eine brennende Kerze in die Mitte. Breiten Sie auf dem Tisch Fotos aus Zeitungen und Zeitschriften von Menschen aus der ganzen Welt aus.

Eröffnung

Man könnte mit einem Lied zum Thema unseres Einsseins als der Leib Christi beginnen.

Danach stehen alle mit dem Becher in der Hand auf, wenden sich nach Osten, stehen schweigend da und halten ihren Becher allen im Osten lebenden Menschen entgegen. Dann sprechen sie gemeinsam: „Wir sind mit euch der Leib Christi." *Hierauf wenden sie sich in Richtung Süden und tun das Gleiche, dann genauso in Richtung Westen und Norden.*

Gebet des Mitgefühls

Wieder im Kreis sitzend sprechen die Teilnehmer gemeinsam das folgende Gebet, entweder reihum jeder einen Abschnitt oder abschnittsweise alle im Wechsel mit dem Leiter. Den letzten Abschnitt sprechen alle gemeinsam.

Heilender Gott, wir sind mit anderen Menschen auf dem Weg, Menschen mit Wunden und Schmerzen. Lass uns dabei eng mit dir verbunden sein und schenke uns ein allzeit mitfühlendes Herz.

Jeder geht den eigenen Weg unter Freuden und Schmerzen. Hilf uns zur Liebe zu uns selbst und schenk uns die Einsicht, dass auch wir der zärtlichen Hilfe und Sorge bedürfen.

Wir sind mit anderen auf dem Weg: mit unseren Familien, Gemeinden, geliebten Menschen, Freunden und Bekannten. Lass uns in guten wie in schweren Zeiten zusammenstehen. Erfülle uns mit Kraft und gib uns die rechte Einsicht, wann und wie wir füreinander besonders da sein sollten und können.

Wir sind auf dem Weg mit unserer gesamten Welt, einer von viel Schmerzen und Trauer geplagten Welt, die doch voller Schönheit und Größe ist. Wir sind alle Kinder des Universums. Halte uns immer wach im Bewusstsein, dass sich alles, was wir sind und tun, auf unsere Brüder und Schwestern auswirkt, auf unsere Erde und auf alle Geschöpfe.

Wir sind mit Wunden unterwegs, die noch der Heilung bedürfen. Hilf uns, nicht vor dem davonzulaufen, dem wir uns stellen müssen. Schenk uns den Mut, alles loszulassen, was immer uns daran hindert, ganz geheilt zu werden. Mach uns fähig, dir unser gesamtes Leben anzuvertrauen.

Wir sind mit Narben unterwegs, die uns an schwere Zeiten erinnern, die wir durchmachen mussten. Unsere Wunden können unsere Lehrmeister sein. Gott der Weisheit, rege uns immer wieder an, uns Zeiten der Stille und Besinnung zu nehmen, um die Wahrheiten zu erkennen und anzunehmen, von denen unsere Wunden zu uns sprechen wollen.

Wir sind unter deinem Blick unterwegs, o Gott. Lass uns innerlich immer ganz eng mit dir verbunden sein. Wenn wir einander begegnen, begegnen wir dir. Lass uns aus dem Einssein mit dir und der Begegnung mit anderen immer wieder neue Kraft finden.

Jetzt stellen alle ihre Becher auf den Tisch.

Leiter

Gott, begleite und lenke du jetzt unseren Austausch. Wir wollen uns darauf besinnen, dass du in uns und mitten unter uns wohnst. Hilf uns, aufmerksam aufeinander zu hören.

Austausch

(siehe oben: Fragen für den Austausch)

Weitere Fragen

- Welche Menschen haben dich Mitgefühl erfahren lassen?
- Nenne einige deiner Motive, mitfühlend zu sein.
- Haben dich Mitgefühl und Erbarmen schon einmal etwas gekostet?
- Erzähle von einer Situation, in der du zwischen „einfach da sein" und „etwas tun" hin- und hergerissen warst.

Gelenkte Imaginationsübung

Der Leiter liest den folgenden Text vor:
Sieh dich selbst, wie du am Ufer des Meers von Galiläa entlanggehst ... Du triffst Jesus ... Ihr setzt euch gemeinsam an den Strand ... Jesus blickt dich mit großer Liebe an ... Lass diese Liebe auf dich wirken ...

Dann segnet dich Jesus: Er legt dir die Hände auf den Kopf und spricht zu dir: „Empfange meine besonderen Gaben." – Bereite dich innerlich dafür ...

Jesus berührt deine Ohren: „Empfange die Gabe, mit aufmerksamer Liebe zuzuhören." – Nimm diese Gabe in dich auf ...

Jesus berührt deine Augen: „Empfange die Gabe, genau hinzusehen." – Nimm diese Gabe in dich auf ...

Jesus berührt deinen Mund: „Empfange die Gabe, in Güte und Wahrheit zu sprechen." – Nimm diese Gabe in dich auf ...

Jesus berührt dein Herz: „Empfange die Gabe des Mitgefühls und der Vergebung." – Nimm diese Gabe in dich auf ...

Jesus berührt deine Füße: „Empfange die Gabe, zu denen zu gehen, die in Not sind." – Nimm diese Gabe in dich auf ...

Hierauf nimmt dich Jesus an beiden Händen und spricht zu dir: „Diese Hände sind sowohl zum Geben wie zum Empfangen geschaffen. Was du als Gabe erhalten hast, schenke weiter an andere." ...

Verabschiede dich auf deine Weise von ihm ... Dann kehre langsam wieder mit den Gaben, die du erhalten hast, hierher zurück ...

Abschluss

Stehen Sie im Kreis und halten einander an den Händen. Jetzt nennt jeder die Gabe(n), die er mit den Verwundeten dieser Welt teilen möchte.

Die Feier könnte mit einem Lied ausklingen.

Sechste Woche

Der Becher des Segens

Für den Leiter
Stellen Sie mitten auf den Tisch eine brennende Kerze und eine Vase mit frischen Blumen (eine Blume für jeden Anwesenden).

Eröffnung

Atemgebet

Einatmen: Großzügiger Gott ...
Ausatmen: ... Dank sei dir.

Gebet über den „Becher des Lebens"

(Der Leiter liest den ersten Abschnitt, die anderen reihum jeweils den nächsten; den letzten sprechen alle gemeinsam.)

Großzügiger Gott, du hast uns den Becher des Segens reichlich gefüllt. Wir durften viele Augenblicke der Gnade erleben und über deine Güte dankbar staunen. Du warst mit deiner bedingungslosen Liebe bei uns und hast uns beschenkt.

Du berufst uns, unseren Becher des Mitgefühls mit allen Suchenden, Leidenden und auf unsere Gastfreundschaft Angewiesenen zu teilen. Hilf uns dabei, offen für alle Menschen zu sein. Du hast sie erschaffen und jeder ist deinem Herzen teuer und soll es auch dem unseren sein.

Heilender Gott, du weißt, dass auch das Leben eines jeden von uns sein Stück Anteil am Schmerz und der Gebrochenheit der Welt hat. Du kennst die verborgensten Tiefen unseres Herzens, in denen auch Schmerz und Verwirrung sind.

Verständnisvoller Gott, du siehst in unser Herz und weißt, wovon es zugeschüttet ist. Du kannst uns helfen, es leer und frei und offen für dich werden zu lassen. So hilf uns immer wieder dabei, leer zu werden, loszulassen, uns von allem zu lösen, was uns hindert, ganz wir selbst zu sein.

Geduldiger Gott, du hast uns als ganz normale Menschen erschaffen, mit Macken, Flecken und Rissen in unserem Charakter und unserer Biografie. Du ermutigst uns, all das als Möglichkeit zu sehen, uns zu verändern und zu reifen an unserem Schatten. So schenk uns die Weisheit und Unterscheidungsgabe zu erkennen, was an uns der Reinigung und Läuterung bedarf und was wir geduldig annehmen sollten.

Verzeihender Gott, du kennst unsere Schwächen und Fehler. Es gibt Zeiten, in denen wir uns verschließen und du nicht in den Becher unseres Lebens gießen kannst, was du uns zukommen lassen willst. Du weißt, dass wir oft aus Unwissenheit oder Starrsinn verschlossen und unempfänglich sind. Wir danken dir, dass du trotzdem immer geduldig auf uns wartest und immer aufs Neue bereit bist, uns großzügig deine Liebe zu schenken.

Verschwenderischer Gott, du füllst uns den Becher übervoll, um uns zu erfrischen, zu nähren, zu erneuern. Aus unserem Überfluss sollen wir andere beschenken und sie an den Segnungen unseres Bechers teilhaben lassen. So wecke in uns den Drang, unsere Gaben mit allen zu teilen, die in Not sind.

Liebender, Leben spendender Gott, du gießt unablässig deine verwandelnde Liebe in den Becher unseres Lebens. Sie fällt wie Regen auf dürstendes Land und vereint unser Bemühen und deine Energie zu einer einzigen Kraft. Dich brauchen wir, um wachsen, reifen und uns verändern zu können auf dich hin. Du bist es, der uns für immer auf unserem Weg begleitet, in immer größere Fülle hinein. Dafür danken wir dir mit unserer Bereitschaft, uns von dir führen zu lassen.

Leiter

Gott, begleite und lenke du jetzt unseren Austausch. Wir wollen uns darauf besinnen, dass du in uns und mitten unter uns wohnst. Hilf uns, aufmerksam aufeinander zu hören.

Austausch

(siehe oben: Fragen für den Austausch)

Weitere Fragen:

- Welche von allen Segnungen deines Lebens bedeutet dir am meisten?
- Welche Eigenschaft Gottes berührt dich in deinem Leben am stärksten?
- Schildere eine dir besonders kostbare Erinnerung an etwas oder jemanden, der dir Anstoß gab zu spirituellem Wachsen.
- Erzähle, wie du im Schweren verborgenen Segen erfahren hast.
- Was hilft dir, für die Segnungen, die dir tagtäglich zuteil werden, wach und aufmerksam zu sein?

Abschluss

Gemeinsames Gebet

PSALM 116,12–13
„Wie kann ich dem Herrn all das vergelten,
was er mir Gutes getan hat?
Ich will den Becher des Heils erheben
und anrufen den Namen des Herrn."

Segen

Leiter

Halten Sie noch einmal inne, um zu überlegen, welchen Segen Sie mit jedem in der Gruppe teilen möchten. Sie waren nun sechs Wochen lang miteinander unterwegs. Sie haben voneinander Ihre Freuden und Schmerzen erfahren. Welchen Segen wollen Sie jedem mitgeben? Legen Sie diesen Segen mit Kopf und Herz in ihren Becher. Dann gehen Sie vor jeden Einzelnen der Gruppe und schenken Sie sich gegenseitig Ihren Segen. Das könnte so geschehen, indem Sie Ihren Becher über den Kopf Ihres Gegenüber halten und den Segen auf ihn „ausgießen" und ihr oder ihm dabei Ihren Segen zusprechen.

Ausklingen könnte dieser letzte Abend mit einem Segenslied.

Anleitungen zur Meditation

Hubert Wurz
Das Sonnengebet
Eine Übungsfolge aus dem Hatha-Yoga
Format: 10,6x19,8 cm, 160 Seiten, mit s/w-Abb., Paperback
ISBN 3-451-27598-8

Wer betet, tut dies meist aus und mit Gedanken, Worten und Gefühlen – aber viel zu selten mit dem Körper, obwohl die Körpersprache die Ursprache des Betens ist. Der geistliche Yoga des Ostens ist längst zum Brückenbauer geworden: Er kann auch im christlichen Raum zu einem neuen Bewusstsein für die leibliche Dimension gelebter Spiritualität im Alltag führen. Diese konkreten Meditationsimpulse mit Einführung, praktischen Übungen und passenden meditativen Texten lassen die spirituelle Einheit von Geist, Seele und Leib neu entdecken.

John Main
Das Herz der Stille
Anleitung zum Meditieren
Aus dem Amerikanischen von Bernardin Schellenberger
Format: 11,9x19,8 cm, 128 Seiten, Paperback
ISBN 3-451-27932-0

Eine grundlegende Einführung in die inzwischen weltweit verbreitete John-Main-Methode christlicher Meditation. Der Autor entfaltet sein Verständnis von Wesen und lebenspraktischer Bedeutung des Meditierens, spürt den Traditionen christlich meditativer Praktiken nach und erläutert sie in zwölf konkreten Schritten.

In jeder Buchhandlung

HERDER